吴越舟 ◎ 著

华为
战略
营销笔记

HUAWEI
STRATEGIC
MARKETING NOTES

华为如何实现30年有效增长

学习华为在长期奋斗中所坚守的
价值观 × 文化 × 经营哲学

―――

《华为基本法》起草项目组组长
华夏基石管理咨询集团董事长彭剑锋
作序推荐

机械工业出版社
CHINA MACHINE PRESS

截至 2020 年，华为公司自 1987 年创立以来已经走过 33 年的历程，在这 33 年的历程中，华为实现了 32 年的业绩"有效增长"。在这一过程中，通信行业的多变性与高竞争性，让任正非认识到必须建立一种应对未来不确定性的战略定力。作者从营销入手，逐渐深入华为管理的方方面面，对华为的经典战略进行详细的剖析和总结。华为的营销策略始终围绕着战略目标——"有效增长"持续探索与创新，形成战略营销的整体引导力与系统驱动力，帮助众多管理者在复杂多变的不确定时代，洞见和把握住"有效增长"的至简大道。

图书在版编目（CIP）数据

华为战略营销笔记/吴越舟著. —北京：机械工业出版社，2021.7（2025.6重印）
ISBN 978 - 7 - 111 - 68583 - 8

Ⅰ. ①华… Ⅱ. ①吴… Ⅲ. ①通信企业-企业管理-经验-深圳 Ⅳ. ①F632.765.3

中国版本图书馆 CIP 数据核字（2021）第 129805 号

机械工业出版社（北京市百万庄大街22号　邮政编码100037）
策划编辑：胡嘉兴　　　责任编辑：胡嘉兴　刘　洁　李佳贝
责任校对：李　伟　　　责任印制：单爱军
北京盛通数码印刷有限公司印刷

2025 年 6 月第 1 版第 4 次印刷
145mm×210mm·8.875 印张·3 插页·145 千字
标准书号：ISBN 978 - 7 - 111 - 68583 - 8
定价：78.90 元

电话服务　　　　　　　　网络服务
客服电话：010 - 88361066　机　工　官　网：www.cmpbook.com
　　　　　010 - 88379833　机　工　官　博：weibo.com/cmp1952
　　　　　010 - 68326294　金　书　网：www.golden-book.com
封底无防伪标均为盗版　　　机工教育服务网：www.cmpedu.com

推荐序

华为：中国企业走向世界的引领者

这段时间，华为成为全世界关注的焦点。华为未来的命运牵动着亿万国人的心。因而我们期待着中国未来有更多像华为一样优秀的企业。如果有更多的如华为般走向世界的企业和华为携手并进，华为将不再孤军奋战，中国企业将更具竞争力。

恰逢此时，我读到了吴越舟先生的《华为战略营销笔记》一书。此书在当下出版也别有了一番意义。要成为像华为一样优秀的企业，就要了解华为，学习华为。

华为 30 多年的成长史生动地印证了中国制造走向世界的清晰轨迹。华为的成长大体可分为三个十年：第一个十年，华为志存高远，白手起家，从最原始的创业发端，从中国市场的低端出发，从行业的最低端技术突破开始，一路狂奔，冲出国门，走向世界；第二个十年，华为在扩张中夯实管理内功，在走向全球的过程中，虚心向世界最优秀的企业学习，"削足适履"，先吸收后创新，从持续提升自身管理水平开始，从夯实自身组织体系开始，不断进取，终于成为世界ITC（通信与信息技术）行业的领军者；第三个十年，华为以构建共赢的产业生态为使命，顺应5G技术的发展趋势，通过自身持续的奋斗，与世界多个行业的优秀企业共同创新，为人类共同的美好未来做出自己的贡献。华为，作为中国高科技企业的领导者，为中国企业走向世界做出了榜样，伴随着中国经济的崛起与中华民族的自强，华为已成为中国企业走向世界的经典标杆。

我们知道当前市面上研究华为的书籍可谓汗牛充栋。但选对了书，才能真正地了解和学习到华为的精髓。本书可谓视角独特，立意新颖，结构清晰，具有较高的启发性。本书作者具有十几年上市公司高管的经历，又有多年的咨询经验，长期致力于华为战略、营销、组织与管理的深度研究。在2020年《销售与市场》杂志创刊25年特别策划活动——"中国营销25人"评选活动中，作者本人以实战派的杰出代表获选，作者本人的原创营销理论"生态营销理论"得到业界的极大肯定。

我认为本书的最大亮点在对华为**营销策略、营销管理和战略布局**方面的诠释见解独特、深远，直击本质。

本书创造性地概括出华为营销策略的特点是**"创新性与现实感"**。华为营销策略始终是基于现实，但又高于现实，超越现实的。在华为创业的早期，现实很残酷，任正非心中却怀揣着奋斗与进取的梦想，在梦想的指引下，华为营销策略从创业期的跟进到机会期的追赶，从成长期的超越到成熟期的引领，从小到大，从弱到强，在不同的成长阶段演绎出不同的营销策略，无论是关系策略、服务策略，还是技术策略、产品策略都充满着"场景感""现实感""亲切感"，华为营销正是在较低的起点出发，通过逐渐走出国门，走向世界的。当下中国的众多中小企业也正在经历着华为的成长过程，此书对这些企业的启发将是意义重大的。

本书创造性地概括出华为营销管理的特点是**"有效性与共识感"**。本书用了大量篇幅阐述了华为战略营销管理的思考，具体来说涉及从新产品营销的管理到项目型营销的管理，从国内直销渠道的拓展到全球拓展"直销+分销"的管理，从营销铁军的打造到高效信息化流程组织的构建。由此分析出华为营销管理的特点是从经营的维度来看是"有效性"，从组织维度来看就是"共识感"。华为营销管理的目的是实现战略目标，业绩的有效增长，市场的扩张与利润的提升。而管理有效性的底层逻辑就是处理好第一矛盾，这对矛盾可能是量与质、快与慢、静与动，也可能是高与低，收与放、虚与实。要处理好第一矛盾必须使干部与组织达成共识，共识才能产生力量，共识才能聚焦市场，力出一孔，聚焦组织。华为营销管理的实践就是围绕着一线市场建立起一个高度专业、高度协同的流程型组织，组织的高度"共识"保障了经营与管理的"有效""高效"。

本书创造性概括出华为战略布局的特点是**"高远性与美好感"**。华为未来的大战略是致力于营造未来美好的产业生态圈，已经走到世界 ICT 行业前列的华为，已经看清了未来的大趋势。未来是一个万物互联、万物智能的技术变革的大时代，未来是一个不可阻挡的全球化演进的大世界。任正非说："华为的主航道是 ICT 基础设施，其实就是信息社会的一块东北的黑土地，让千万家企业来种玉米、大豆、高粱……。"因此,华为未来的追求是从"一棵大树"变成"一片森林",华为把自己确定为一家基础性与平台型的企业,为产业链上的更多合作伙伴、友商、消费者提供共同成长的机会,共享未来技术发展的无限利益空间,这既是一种高远的使命,也是一种美好的愿望。华为要做智能社会的引领者和推动者,通过透视需求痛点和持续技术创新的双轮驱动,打造强大的"基础平台",这片森林的上面是人类发展的共同价值追求,既把数字世界带入每个人、每个家庭、每个组织,构建万物互联的智能世界;下面是共同的平台支撑,就像一片土地,链接数千数万甚至更多的合作伙伴,形成各得其所,各得其利,竞争、合作、开放、共赢的商业生态系统。

了解华为,学习华为。向华为致敬,为中国企业加油!

《华为基本法》起草项目组组长
中国人民大学劳动人事学院教授
华夏基石管理咨询集团公司董事长
彭剑锋
2020 年 9 月 23 日

前言

华为,创立于改革开放初期的深圳,在今天,已经成为我国企业的杰出代表,其业务已经走进全球170个国家/地区。华为的成长路径是我国改革开放艰苦与光辉历程中的一个缩影,其成长在某种程度上反映了我国企业的崛起,因此,要想研究我国企业的发展就绕不过华为,要想研究我国企业的战略也绕不过华为,要想研究我国企业的营销更是绕不过华为。华为虽然发端于TO B(面向企业)业务领域,但其在TO C(面向消费者)业务领域的探索与拓展,也堪称为营销界的杰作。

华为的营销是真正的战略营销。在成长中,华为始终将自身的战略职能与营销职能融为一体,将"以客户为中心"的理念贯穿在其战略与业务的主线之中。三十多年来,华为不为其他利益所影响,始终聚焦市场与客户,力出一孔、利出一孔，长期艰苦奋斗，终于成为世界范围内信息与通信技术领域的领军企业。笔者结合自己十余年在上市公司担任高管的经历及十五年管理咨询经验，期望能以独特的视角解读华为战略营销的秘密。

本书共分为上、中、下三篇。上篇为战略营销驱动有效增长。这一部分主要论述了华为实现长期有效增长的动力之源，即将企业战略始终聚焦于市场的机会点上，聚焦行业痛点与客户痛点，将营销职能的发育与策略组合的创新始终纳入企业战略布局之中。华为并不满足于表面上业绩的持续增长，而是将市场位势（份额与结构）的持续提升看得更重，更神奇的是华为有一种战略自觉，能够清晰认识到企业整体的管理能力与组织能力才是企业市场位势长期稳定的基础，才是企业长期的核心竞争力。基于这种战略自觉，华为敞开胸怀，持续学习世界先进的管理与技术，持续改进企业的综合管理能力，持续提升整体的组织能力，将企业的整体战略部署与营销职能的持续发育有机结合起来，实现了战略营销驱动持续有效增长的发展之势。这种趋势之所以锐不可当，并具有持续性、连锁性及放大性，就在于其战略职能与营销职能的融合性、整体性与统一性。上下同欲，内外同频，前后协同，这些构成了华为战略营销持续的驱动力。

中篇为战略营销夯实组织体系。这一部分主要论述了华为在全球市场的整体布局与其管理体系。华为清醒的认识到规模扩张的基础是管理，规模扩张的限制也是管理，所以华为在扩张中持续强化管理的内功，在公司发展的不同阶段选择不同的营销模式，从直销、分销，到生态营销，将管理的维度、重心与方法论做持续的提升；同时，华为围绕着战略营销持续改进机制与流程，围绕着"以奋斗者为本"持续打造"利出一孔"又"生生不息"的人力资源体系。

下篇为大战略演绎：华为生态圈。这一部分主要论述了驱动华为战略营销持续演绎的核心密码与深层组织基因，在经营哲学、组织文化与未来战略三个方面进行了分析与解读。

在笔者从事管理咨询行业的十几年来，接触了几百家不同规模、不同行业的企业，也与几百位企业家有过深入的交流。在帮助企业成长的过程中，笔者深深感觉到企业在进化与自我跨越时的艰辛，也深深地认识到帮助我国企业成长的捷径就是学习与吸收优秀企业的经验。通过深入研究华为战略营销体系，笔者认为华为对我国企业与企业家的启示有三点:"周期的跨越""系统的跨越",以及"自我的跨越"。

"周期的跨越"是指华为创立的三十三年(截至 2020 年)历程中,实现了三十二年的持续有效增长(2002 年除外),如果十年是一个大周期,五年是一个中周期,两年是一个小周期的话,华为总能在一个周期内完成量的孕育与沉淀,在一个周期过渡时完成质的切割与跨越。在一个周期内完成营销的有效增长,即"多打粮食",规模持续增长;在一个周期过渡时完成战略的跨越,即"会种庄稼",强化与提升管理,建立高效机制与流程。因此,华为的战略是营销有利、有效支撑的战略,华为的营销是战略跨越式引领下的营销,华为将战略与营销有机融合为一体,两者相辅相成,完成"周期的跨越"。反观我国许多企业之所以成长缓慢或不连续,表面上看是在营销的孕育与爆发、战略的沉淀与跨越、节奏性的把控上出现了问题,实际上则是企业家缺乏对企业经营战略的总体把控与布局,不能将短期策略的有利、有效,与中长期管理机制、流程的提升组织有机结合起来。

"系统的跨越"是指华为在其成长的早期就认识到,外部利益相关者与内部利益相关者的排序是企业的顶层设计。在客户、员工、股东、供应商、合作伙伴、社区等利益相关的社会群体中，逐渐将"以客户为中心"作为企业的核心经营理念；在组织体系的构建中，以外部市场的客户满意度为准绳，以公平公正的原则形成了"价值评价、价值分配与价值创造"的良性循环，逐渐将"以奋斗者为本"做为企业的核心组织理念。华为将核心经营理念与核心组织理念有机结合起来，最终实现了外部市场的经营跨越与内部组织的成长跨越的良性互动与有机融合。反观我国部分企业之所以成长停滞或时断时续，表面上看似乎是战略方向的迷茫、战略布局出现偏差、营销模式陈旧、营销策略过时、营销组织老化等问题，实际上则是决定企业经营的商业模式与决定组织的管理机制不匹配、不协调所致。

"自我的跨越"是指华为在其成长过程中逐渐认识到，企业外部市场的任何领先都是短暂的，而企业组织本身是会逐渐变老的，因此华为要想持续发展，就要"长期坚持自我批判""长期坚持艰苦奋斗""永无止境"，华为认识到决定企业未来命运的是组织，而决定组织命运的是干部，决定干部命运的是价值观、文化与思维方式。华为认定的"两个坚持"是保障华为永葆青春的核心密码，当然这需要一批又一批接班人的认可与坚守，这是华为跨越时空最核心的战略定力。反观我国部分企业之所以成长困难或发展不稳定，表面上看似乎是因为外部环境变化太快、技术变化太突然、商业模式难以把控、干部的进取心不强、责权利落实不到位、股权激励不够等问题，实际上则是受企业家的战略视野与格局、企业家的使命感与价值观所局限。

我国企业应以华为为榜样，研究与学习其在成长中的决策方式与实践行动，学习其在长期奋斗中所坚守的价值观、文化与战略定力，实现"周期的跨越""系统的跨越"，以及"自我的跨越"，将外部世界的不确定性逐渐建立在内部组织的确定性之上。

最后，我要特别感谢王胜杰老师。在本书的写作过程中，王胜杰老师给我提出了许多宝贵意见，以及大量详实与鲜活的案例资料。另外，我还要感谢我的爱妻凌伟虹女士与我的爱子吴冠琦，为了此书的成稿，他们也给予了我极大的精神支持与帮助。

吴越舟

2021 年 5 月 25 日于广州

目 录

推荐序
前 言

上篇
战略营销驱动有效增长

第1章
以客户为中心
的战略方向

1.1 公司宗旨:"唯一"与信仰 ... 004
1.2 经营策略:感性+理性 ... 007
1.3 组织体系:市场导向的流程化 ... 009

第2章
基于客户关系
的战略营销

2.1 客户关系经营:营销的第一台发动机 ... 012
2.2 关键客户关系:"点线交织"靠领导 ... 018
2.3 普遍客户关系:"线面融合"依群众 ... 023
2.4 组织客户关系:"面势共进"创未来 ... 026

第 3 章 基于客户服务 的战略营销	3.1 3.2 3.3	确保运营：提升客户满意度 ... 034 有效经营：救急盈利双兼顾 ... 038 共同成长：持续创新伴赋能 ... 042
第 4 章 基于技术研发 的战略营销	4.1 4.2 4.3 4.4	研发路标：需求导向 ... 047 市场浸泡：领先半步 ... 049 研发模式：继承创新 ... 053 进无人区：砥砺前行 ... 058
第 5 章 基于新品拓展 的战略营销	5.1 5.2 5.3 5.4	战略转折的"遵义会议" ... 066 义无反顾地"翻越雪山" ... 070 线上线下地"穿越草地" ... 073 高端对标的"胜利会师" ... 076
第 6 章 基于项目管理 的战略营销	6.1 6.2 6.3 6.4	洞察机会：运筹帷幄 ... 080 团队协同：造就英雄 ... 083 高效三角：犄角支撑 ... 086 体系构建：流程贯通 ... 088

中篇

战略营销夯实组织体系

第 7 章
渠道模式升级的体系构建

- 7.1 低端发轫：农村包围城市 ... 096
- 7.2 横向扩张：战略征战全球 ... 102
- 7.3 立体构建：直销分销融合 ... 107
- 7.4 结成同盟：创建统一战线 ... 109
- 7.5 高端演绎：智慧营造品牌 ... 112

第 8 章
打造营销铁军的方法论

- 8.1 招聘与培训 ... 124
- 8.2 使用与考核 ... 127
- 8.3 选拔与轮岗 ... 130
- 8.4 激发与引导 ... 134

第 9 章
高效信息化的流程组织

- 9.1 视野：透视外部动态 ... 138
- 9.2 聚焦：锁定目标客户 ... 142
- 9.3 压强：激活内部流程 ... 146
- 9.4 机制：高效执行文化 ... 149

下篇

大战略演绎：华为生态圈

第 10 章 灰度：华为经营哲学的精髓	10.1	务实，不求完美 ... 162
	10.2	均衡，不追极端 ... 167
	10.3	宽容，不要苛刻 ... 169
	10.4	合作，不要对抗 ... 177
	10.5	开放，不要封闭 ... 183
第 11 章 文化：华为生生不息的源泉	11.1	核心：以奋斗者为本 ... 193
	11.2	动力：坚持自我批判 ... 202
	11.3	底蕴：团队集体奋斗 ... 207
	11.4	信仰：长期艰苦奋斗 ... 211
第 12 章 生态圈：华为构建未来美好世界	12.1	理念：生态圈是命运共同体 ... 220
	12.2	探索：生态圈体系的构建者 ... 225
	12.3	担当：打造生态圈的大平台 ... 229
	12.4	展望：顶层设计促生态进化 ... 233

附录　华为发展简史 ... 240

华为战略营销笔记

上 —— 篇

战略营销驱动有效增长

截至 2020 年，华为公司自 1987 年创立以来已经走过 33 年的历程，在这 33 年的历程中，华为实现了 32 年的业绩"有效增长"。这里的"有效"有三大含义：其一是中高速，平均年增长率在 25% 以上；其二是盈利性；其三是持续性。实现"有效增长"的关键在于其战略营销的驱动，这一战略营销的内涵是以客户为中心的战略方向，基于客户关系、服务、技术、产品与项目的战略管理及营销策略的组合。华为的业务战略始终以市场增长（打粮食）与市场体系的构建（增强土地肥力）为立足点，而华为的营销策略始终围绕着战略目标（有效增长）的持续探索与创新，形成战略营销的整体引导力与系统驱动力。

第 1 章
以客户为中心的战略方向

"以客户为中心",华为公司以这样质朴的语言诠释了战略营销的朴实本质,更成为企业生存发展的基因。在华为成长的早期,通信行业的多变性与高竞争性,让任正非认识到"活下去"是企业发展最核心的硬道理,为了"活下去",公司必须建立一种应对未来不确定性的战略定力,即一种贯彻始终的核心价值观。由此,公司最终确立了"以客户为中心"这一长期的价值观,也确立了战略营销的大方向。幸运的是,这一观念逐渐成为华为公司经营的核心宗旨,成为华为大部分员工内心深处坚定不移的信仰,成为华为"理性+感性"满足客户需求的经营策略,以及华为建立市场导向的标准化流程体系的原则。可以说,在华为 30 多年艰苦卓绝的奋斗过程中,"以客户为中心"是其洞见和把握住行业大势、市场机会,赢得竞争、超越对手的关键法宝与至简大道。

1.1 公司宗旨:"唯一"与信仰

公司为何而存在?公司存在的理由和宗旨是什么?

传统层面上,对于这个问题有下面三种回答:

一是公司为股东利益而存在。谁出资谁受益,出资人出资是公司得以成立的基础,所以公司的发展必然是以股东利益最大化为目标为股东谋求最大化的利益,这就是公司存在的理由和宗旨,这种观点一般流行于英、美等国家/地区。

二是公司为利益相关者而存在。这种观点认为公司不是为单一的利益者而存在,而是为多个利益相关者而存在。这些利益相关者有股东、员工、客户、供应商、合作者、政府、社区等。公司要处理好与这些利益相关者的关系,保持适度和合理化,这种观点在欧洲部分国家/地区与日本较为流行。

三是公司为员工价值而存在。没有公司员工就没有公司的存在和发展,员工进入公司是为了实现自身价值,公司的存在和发展必须为员工提供发展空间，帮助员工实现价值，最大限度地满足其价值追求。这种观点在部分服务行业较为流行，因为这种行业的企业的核心竞争力往往依靠员工的激情与创造力。

2001年，在华为公司的成长实践中，任正非认识到为客户服务才是公司存在的理由，而且是唯一理由。他请著名的管理学家黄卫伟，写了一篇题为《为客户服务是华为公司存在的唯一理由》的文章，文章发表在2001年7月30日《华为人》第119期，发表时删掉了文章标题中的"唯一"两字（见图1-1）。

图1-1 《华为人》第119期

任正非看到文章后专门询问黄卫伟教授，为什么把"唯一"两个字删掉？黄卫伟后来回忆，当时考虑到理论的严谨性，还不敢突破西方的企业理论，也缺乏对这个观点的深刻认识。现在看来，任正非当时的这种"唯一"的直觉，透视出他对商业世界与人性世界的深刻理解。商业的演绎必须通过长期与真诚的"利他"方式，才能逐渐实现"利他"与"利己"的平衡。

任正非在之后几年的多次讲话中反复强调，"为客户服务是华为公司存在的唯一理由"。"以客户为中心"更是成为华为的核心价值观，逐渐融化到组织的血液中。任正非坚持"唯一"两字，强调企业存在和发展的理由只能是"以客户为中心"，具有唯一性、排他性，而不能是别的，在这一点上必须旗帜鲜明，毫不动摇。"以客户为中心"是核心价值观，如何把这一简单而深邃的战略理念，逐渐转化为全体员工内心的信仰，深植进潜意识中，镌刻进细胞里，并一以贯之地落实到经营环节的每一个细节中？任正非说："为客户服务是华为存在的唯一理由，客户需求是华为发展的原动力。"也就是说，递进式地为客户创造价值，应成为华为的永恒价值追求。很多企业在创始阶段也许能做到这一点，但在企业快速成长为著名的大企业集团后，或受资本的诱惑，或痴迷于技术的创新,或狂热追逐所谓的"互联网风口",就会逐渐忽视客户的细腻需求和深层感受,导致企业偏离发展方向,最终轰然坍塌。究其原因,这并不是由于外部形势变化太快,而是由于"以客户为中心"战略定力的偏移,使企业失掉了存在之"魂"、生存之"本"。华为把"以客户为中心"列为企业的第一价值观,长期持续地对员工进行"以客户为中心"的价值观宣传和教育引导;在战略排序上,将基于竞争对手的竞争策略置于第二位,而将洞察、洞悉、服务客户置于第一位,用真诚、热恋式的服务,优质的品质打动客户。

1.2 经营策略:感性+理性

感性与理性是两种截然不同的思维方式,要想真正洞察、理解客户的表面需求与深度需求,关键是要将两种思维方式不断"融合"与"切换",用资深"媒人"的丰富经验与高超智慧,来审视、评估与读懂双方的各类需求。所谓理性的"懂"就是要理解客户对技术、专业与运营的综合诉求;所谓感性的"懂"就是要理解客户对商务、关系与经营的综合诉求；感性与理性相结合的"懂"就是要认清客户需求的复杂性、层次性与动态性，辨识客户的短期与长期痛点、显性需求与隐性痛点、局部与系统痛点。我们要成为超级"媒人"，比双方本人更懂他（她）们，一句话，就是要比客户更"懂"客户。任正非说，**"客户需求是个哲学问题"**，在很多情况下，客户可能没有意识到自己的需求，也不明白自己的需求，或者不能明确地表达自己的需求，其表达出来的需求可能偏感性或偏理性，是碎片化的而非系统化的。那么作为企业就不能简单地、呆板地满足客户的需求，被客户牵着鼻子走，不能简单地迎合取悦客户；而是要综合分析、思考，动态拿捏与掂量客户的需求"密码"，坚持从客户的视角出发，考虑感性与理性两个维度，兼顾客户的商务、技术、经营、运营与管理多个象限，为客户的增长与持续稳定增长负责。用任正非的话说，就是要善于区分"真正的需求和机会主义的需求"，强调要"永远抱着理性对待客户需求的导向而不动摇"。

20世纪末期，小灵通属于落后的通信技术，在日本已被淘汰，但在我国却有着巨大的市场需求，可以同时为人们提供固定和移动通信两种服务。UT斯达康公司在国内率先推出小灵通，中兴公司于1999年7月开始启动小灵通项目。对当时的华为公司而言，只需要投入 2000 万元左右的资金、几十位研发人员，小灵通项目就可以为公司获取上百亿元的年销售收入，但华为放弃了，在理性地理解客户需求后，舍弃了这个项目。任正非顶着巨大的内部压力，坚持聚焦主航道，大力投入 WCDMA（宽带码分多址）的研发。从短期看，2001 年中兴公司从小灵通项目中获得了近 24 亿元的收入，在 2001 年全球 IT（信息技术）泡沫破裂的不利影响下，依然保持了快速增长。华为的销售额从 2000 年到 2002 年基本停滞，甚至在 2002 年出现了发展史上的唯一的下降。但从 2003 年开始，华为的销售收入开始突飞猛进，实现了 50% 的增长，达到 317 亿元。到 2017 年，华为的全球销售收入更是高达 6036 亿元，净利润 475 亿元。华为放弃了短期的利益诱惑，坚守"以客户为中心"，理性地理解客户的需求，赢得了长远的未来。

1.3 组织体系：市场导向的流程化

华为在组织结构上，聚焦客户需求，聚力客户成长，各专业部门高度协同，高度默契；在制度和机制设计上，以外部市场业绩与经营成果为导向,任正非提出的"听得见炮火的人做决策""班长的战争""铁三角饱和攻击"的组织设计原则体现了华为构建的、以市场为导向的高效流程化体系。华为将走近客户、服务客户的业务流程从总体上分为前线与后方两大部分,明确相互的权责关系与协作要求。后方是战略决策与支援平台,并为前线提供一切战略支援。前线是面向市场服务客户的精干作战单元,单元小,灵活性高,综合作战能力强,能及时发现客户需求和战略机会,同时向后方平台传递市场信息,呼唤后方平台的"炮火"支援,对如何"饱和攻击"市场享有自主决策的权限,能够及时实施精确打击,具有超高的攻击压强。通过后方平台与前线作战单元之间的通力合作,共同致力于服务客户,更快、更好地满足客户需求。

华为在用人机制上,会提拔重用全心全意为客户服务的员工,坚决淘汰漠视客户需求的员工。任正非提出,华为的员工要把"脑袋对着客户,屁股对着领导",他认为"眼睛盯着领导"的员工往往怀着私利,不会尽心考虑客户的需求,必然会损害公司的利益。只有"眼睛盯着客户"的员工,才可能是公司价值的创造者,必须提拔重用这样的员工。这样不仅可以起到榜样导向作用,而且可以带出有同样风格、同样基因的员工队伍。"以客户为中心"这句话言简意赅,知易行难,一以贯之坚守则更难。如今,在互联网时代,华为公司牢固确立了"以客户为中心"的价值理念和行为趋向,把握住了在当前急剧复杂变化的不确定时代下唯一的确定性,套用"得民心者得天下"这句话来说,今日"得客户之心者得天下"。

第 2 章
基于客户关系的战略营销

华为营销的独特之处就是战略与战术的融合,所有的营销战略与战术都在"战略意图"与"战略布局"之中,每一次的营销实践都孕育着"战略的种子与基因",而所有的战略规划几乎都是在营销一线调研与实战的基础之上经过深度思考后制定的,对每一步战略节奏的把控都孕育着对客户需求与竞争动态的深度理解。从这个意义上来看,华为的营销是真正意义上的战略营销。

战略营销的第一步就是客户关系的经营,这是华为营销的第一扇门、第一道坎、第一台发动机。

2.1 客户关系经营:营销的第一台发动机

华为在自 1987 年创立至今的 30 多年历程中,大致可以分为3个大周期和6个中周期，大周期大约以十年为一单元，中周期大约以五年为一单元，因此1998年、2008年与2018年是华为成长的标志性年份。华为在第一个十年完成了自身产品竞争力的打造与国内市场的第一轮拓展，年销售额从1亿元到近100亿元（1998年销售额为89亿元，1999年销售额达120亿元）；华为的第二个十年是其拓展国际市场，并在学习西方先进管理经验的基础上提升自身综合能力的时期，年销售额从近100亿元攀升至1000亿元；华为在第三个十年已经走到世界ICT（信息通信技术）行业的前列，成为世界级的行业领军企业。在这个过程中，华为的战略营销起着举足轻重的作用，从经营与客户的角度看，在华为30多年的发展中，华为战略营销无疑是华为高速列车的火车头，研发技术、人力资源与综合运营只能算是第二节、第三节与第四节车厢，当然，华为是一辆多节车厢可以同步驱动的"中国高铁"。

如果把华为战略营销比喻为高铁的第一节车厢，那么华为对客户关系的经营则是华为战略营销的第一台主要发动机。华为实现从小到大、从弱到强、从几亿元到几千亿元的销售额，其客户关系的拓展、经营与维护始终起着不可替代的关键作用，而华为也始终将客户关系的营销置于战略地位，所以说，华为的客户关系营销是一种战略营销。华为的客户关系是营销职能整个流程中每一步的开端，具体包含以下六步：第一步，接触了解客户，通过与客户沟通了解客户的需求、预算、采购模式、组织架构、决策流程与机制；第二步，设计解决方案，根据客户的业务需求，华为的商务、技术、运营专家与客户方相关人员沟通，通过项目切磋与协同，做出解决方案；第三步，超越竞争对手，通过客户关系经营了解友商（竞争对手）的方案弱点与细节，为制定有针对性的竞争策略提供情报；第四步，交付，销售流程从签合同、发货、安装、交付到验收，涉及客户方多个部门与人员，也涉及多个环节，一旦处理不好便可能成为友商的突破口；第五步，回款，华为与运营商合作的回款流程包括计划部、网络部、市场部等多个部门的验收，客户关系处理不好便无法及时回款；第六步，长期合作，第一单生意只是开始，与客户深入了解、密切合作，不断扩展生意，长期发展的共赢共长才是双方共同的追求。所以，客户关系是营销整体过程中接触了解客户、设计解决方案、超越竞争对手、交付、回款与长期合作六个步骤的基础与开端，是华为营销的第一台发动机。

华为从 1992 年国内销售额达到 1 亿元到 2002 年全球销售额达到 221 亿元，再到 2012 年全球销售额达到 2202 亿元，整体市场规模有了长足的进步。在这一漫长的过程中，华为就像一位走出青纱帐，头上还裹着白毛巾的农民，从农村走进城市，从我国走进世界，对于客户关系的理解也走过一个漫长的过程。大体经历了三大阶段：关键客户关系阶段（6年）、普遍客户关系阶段（6年）与组织客户关系阶段（8年）。

第一阶段（1992～1997年）为关键客户关系阶段，也是华为在我国市场实施"农村包围城市"策略的阶段。在这一阶段，华为的年销售额从1亿元增长到41亿元，初步完成了作为一家中小企业的原始积累，也就在这五六年之中，华为逐渐探索出了适合自身的关键客户关系模式，这种营销模式的实施主要是由当时的市场、客户、订单与产品性质所决定的：市场区域以中西部为基础逐渐扩展到东部区域，客户是以县域的农村电话局为基础逐渐扩展到地市级的电话局，产品以基础交换机为主，订单的规模以几十万元为基础逐渐扩展到几百万元，合同交付的时段也主要以短周期工程为主。因此，关键客户关系模式是与客户的规模、合同的大小、项目周期的长短与华为的成长周期息息相关的。关键客户关系侧重于对客户组织中决策链上关键人的攻关与引导，取得关键人对华为的认可与信任是赢得客户的关键,这是一种由"点"(一位关键人)到"线"(多位关键人)的"点线切换"营销模式,是华为客户关系的初级模式。

第二阶段(1998~2003年)为普遍客户关系阶段。在这一阶段,华为在国内市场开始进攻中大型城市,在海外市场开始从"农村"(低端市场)包围"城市"(中高端市场),这一阶段华为的年销售额已从40多亿元增长到300多亿元,从一家国内的中型企业成为国际化的中型企业,在此期间,华为逐渐探索出独具特色的普遍客户关系模式,这种模式的探索也是由华为在那一阶段的市场、客户、订单与产品的特点所决定的。国内的主要客户群已经升级为较大的市电话局与省电话局,产品线也进行了升级,华为研发的STP(信令转接点)项目、ISDN(综合业务数字网)终端产品、宽带网等陆续登场,订单规模也从几百万元逐渐升级为几千万元,合同时段也以中周期的工程为主。普遍客户关系侧重的是针对客户组织中与业务相关的多数部门人员(包括高中基层)的攻关与引导,取得大多数部门人员对华为的认可与信任,这种模式与关键客户关系模式并不冲突,并且相互补充,进而建立更广泛的群众基础。这是一种由"线"(单个部门)到"面"(多个部门)的"线面交织"营销模式,是华为客户关系的中级模式。

第三阶段（2004～2011年）为组织客户关系阶段。在这一阶段，华为年销售额已从300多亿元增长到2000多亿元，其在国内已基本掌控了高端市场，而在海外市场则开始从中型城市向大型城市拓展，已经逐步做到在世界ICT行业高端市场中排名前三。在此期间，华为已逐渐形成独具特色的组织客户关系模式，这种模式的探索与华为在这一时期的市场地位息息相关。华为从全球范围内梳理出最有价值的战略客户作为主攻目标，跟踪研究了世界上100个最有价值的运营商，并逐渐与大多数运营商建立了长期战略伙伴关系。订单规模也从几千万元、几亿元逐渐升级为几十亿元，合同时段也以半年到一年的长周期工程为主。组织客户关系侧重的是企业与企业之间的宏观关系开拓、经营与维护，这种关系强调企业之间的高层互访，建立门当户对的战略合作关系，侧重长期的战略共赢。这也包含了关键客户与普遍客户关系，是一种由"面"（企业整体）到"势"（持续发展）的"面势共进"营销模式，也是华为客户关系的高级模式。

2.2 关键客户关系:"点线交织"靠领导

华为在 1992 年至 1997 年的六年中,关键客户关系的拓展是其主要的营销模式,是其客户关系模式演进的第一阶段,这也是大多数 ToB 类业务模式的企业在营销拓展初期的首选模式。首先,关键客户关系模式就是要抓主要矛盾,拓展客户的关键就是签订合同,而签订合同的关键决策者一般只有 1~3 人,而影响关键决策者的决策影响者可能会有 2~5 人(合同金额越大,相关决策影响者越多),这两类人员都在客户组织体系的决策链中,关键客户关系的拓展既要围绕着关键决策者这个"点"展开,又要顾及多位决策影响者这条"线",所以关键客户关系模式也可称为"点线"模式;其次,拓展关键客户需要对事策略与对人策略的同步推进与协同,一种是基于客户商业背景与组织背景的对事策略,另一种是基于人际背景与思维背景的对人策略,前者相对较为公开、透明,而后者相对较为隐蔽、模糊,对这两种策略的理解与综合运用,往往决定了关键客户关系拓展的成功率。

根据图2-1，我们来分析一下客户组织中关键决策者与相关决策影响者。一般情况下，在客户组织里会有五类人员：**一是采购者**，往往是客户公司的采购部人员或经理，这类人是首先接触华为的人，他们的权力与影响力可大可小，掌握着项目推进的进度，主要负责对合同商务条款的选择与判定；**二是选型者**，多为技术或研发部门的人员，他们懂技术，了解所在的行业，甚至还了解成本信息，对决策相关人提供价值信息，影响力也不容小觑；**三是使用者**，他们是产品的真正使用者或运营者，虽然他们在前期选型上的发言权不大，但他们的视角独特，会站在使用者的角度，对产品有一定的否定权，也不可忽略；**四是评估者**，这个角色的背景比较特殊，可能具有财务、技术或运营等资深背景，在招标时会像陪审团一样，参与评估与打分，他们往往是老总决策前的最后把关者，较为理性；**五是关键决策者**，决策者具有最后的拍板权，在决策中具有最大的权力，他们清楚项目的关键事件，但是对项目细节和背后的真实情况可能了解得不多，因此也极易受到前面四类角色的影响。在项目论证的前期，采购者与选型者比较重要，在后期，使用者与评估者比较重要，从表面上看这四类角色似乎都是决策影响者，但是实际上他们中可能有1~2位同时是关键决策者。华为的原则是既要聚焦关键点，有方向感，又要照顾到整条决策"线"，控制好平衡感。

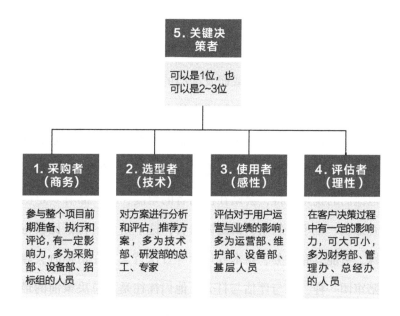

图 2-1　在客户组织中的关键决策者与决策影响者

对事策略（也可称为对公策略）包括对客户宏观商业背景与组织背景的综合调研，这包括调研客户的产品需求、采购成本，以及需要供应商提供的供货条件、技术能力、政策法规、竞争对手等商业背景介绍，还包括考虑客户的经营目标，客户的内部政策、工作程序组织结构、决策系统与评分系统等。比如技术、商务、综合各占多少分？做技术打分的人怎么样？甚至有些客户会给行业品牌做一个打分条件，华为要做的就是影响客户的打分项。对人策略（也可称为对私策略）包括对客户人际背景与关键人员思维背景的了解、影响与引导，以便取得关键人员（包括关键决策者与决策影响者）的认可、信任，最终达成战略共识。要取得关键客户的认可，是一件极其困难的事情，尤其是最高领导人或最终决策者。华为的策略是有设计、有组织、有计划地实施高层公关策略，具体包括实施"一五一"系统工程管理体系（详见 2.4 节组织客户关系部分），以及立体公关，即由华为的一线团队与华为后台（大区或总部）的高层共同组成公关团队，周期性拜访客户高层，并建立关键客户关系，这是突破关键客户的撒手锏。从"赢得关键客户关系的营销模型"来看（见图 2-2），突破关键客户关系是一项系统工程，需要营销组织清楚战略方向，持续进行策略创新，不断提升组织对客户的把控能力。

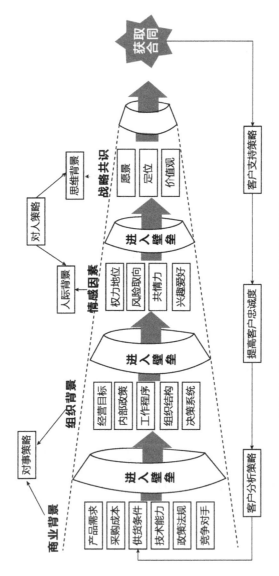

图 2-2 赢得关键客户关系的营销模型

2.3 普遍客户关系:"线面融合"依群众

普遍客户关系是华为客户关系模式演进的第二阶段(1998~2003年),这一期间华为面对的国内市场发生着一系列变化。首先,华为的市场拓展已从农村市场与中小城市逐渐进入大城市与省会城市,产品也从交换机逐步扩展到传输、智能网等产品,产品综合质量与技术水平有了长足的提升,华为产品的市场保有量与使用周期也在逐渐加长,客户数量与质量同步提升,这给市场的整体维护带来了全新的挑战;其次,国内客户的采购模式也发生了变化,从县局签单变成省局统谈、地市分签,即由省公司统一进行年度选型、采购与定价,然后各个地市来分头签单,大型采购的权力在集中性上移,而设备的安装、开通、维护与运营仍然是整体性与全局性的。这时国外许多大型通信公司(华为的竞争对手)为了控制成本,也将公关的重心聚焦到省局层面。面对市场的上述两种变化,华为是如何选择与调整策略的呢?

华为经过反复思考,逐渐认识到此时的关键客户关系依然非常重要,但这一种模式也存在着致命弱点。虽然华为与关键决策者建立了深度信任的关系,但是随着合同规模的持续增长,设备总量的逐渐增加,维护周期在逐渐延长,这一过程中涉及的客户部门与人数越来越多,华为需要得到客户体系中几乎全体人员的帮助与支持。华为适时引进普遍客户关系模式,持续与客户的相关部门(线)与大多数人员(面)建立了良好的普遍客户关系。

任正非指出:"普遍客户关系是我们差异化的竞争优势。"华为的普遍客户关系不是眉毛胡子一把抓,也不是无分别地对待所有客户,而是建立在对市场结构、市场增量、客户结构与客户成长的基础上,处理好短期与长期、局部与整体、表面与潜在的矛盾关系。对规模越来越大的客户、设备越来越多的维护、服务周期越来越长的需求,华为认识到不能只关注其内部当权者的关系(关键客户关系),要逐渐探索普遍客户关系模式,打好群众基础。对于客户中的广大基层人员,如一个运维工程师也要足够尊重,保持交流与沟通。因为大型组织权力结构随时可能发生变化,既有集中,又有分散,一个基层人员在关键时候往往有大作用。华为的策略是整体性地持续传递文化温情与真诚服务。任正非认为只关注客户中的关键权力者,轻视做普通员工的工作,是战略性、结构性错误。

针对我国市场采购权逐渐上移的状态，以及大多数国外友商也将公关与资源逐渐上移，主要关注省级与集团级层面的状态，华为则反其道而行，在重视关键客户的基础上，不放弃地市级本地网队伍的建设。每个本地网都会固定一位客户代表强化服务，与客户保持密切的沟通与交流。通过这一方式，华为进一步掌握了客户的周期性的痛点需求，也在第一时间掌握了国外友商设备运营的情况与存在的问题，进而制定一系列解决方案，逐步蚕食国外友商在光传输、数据领域的份额。在广大运营商投资下滑时，华为还成立了一个"挖土豆"团队，专门在各地市局本地网上寻找潜在机会，跟运营商的一线市场人员共同寻找业务增长机会。另外，某些关键性的大项目运作周期长，需要半年到一年时间是常态，很多技术标准和性能要求都要通过省公司及大型研究院等机构的基础技术人员来制定。华为知道如果工作细致，提前沟通将会获得很多关键信息，可以快速进行产品的开发和布局，实现技术领先和测试领先，这一系列工作都将使华为在投标的关键时刻实现技术超越与领先。从这个意义上来看，华为的普遍客户关系模式是一种差异化的竞争模式。

任正非强调说，建立普遍客户关系是对所有部门的要求，国内外每一位客户经理、产品经理每周要与客户保持不少于5次的沟通，还要注意提高有效沟通的质量，要建立与客户普遍沟通的制度，加强考核，通过奖惩机制强化与客户的沟通。华为在开拓国际市场时，华为员工对于运营商的普通测试人员、工程师、总监、总裁等，都坚持普遍客户原则，全方位接触和沟通，既让客户感受到尊重，又加强了客户对华为产品、服务、企业文化的认知。只有全方位、持续地与客户沟通，才能及时、准确地发现客户的痛点，基于客户需求持续创新，以领先的产品和服务为客户持续创造价值。在这个阶段，华为将关键客户关系的"线"与广大普遍客户关系的"面"进行有机融合，是其获得极大的差异化市场优势、实现持续增长的主要动力之源。

2.4　组织客户关系："面势共进"创未来

组织客户关系是华为客户关系模式演进的第三阶段（2004～2011年），这是华为整体走向世界的阶段，在这个阶段，华为追求的目标是成为世界级的行业领袖。华为实施的组织客户关系是"面势共进"创未来,这里的"面"是指企业整体组织,"势"是指华为与客户的共同持续的发展趋势,这是华为客户关系的最高级模式。在关键客户关系与普遍客户关系模式的基础上,组织客户关系模式也就成为华为这一时期的必然选择。组织客户关系的概念与理论于2000年前后通过IBM(国际商业机器公司)的咨询引进,但华为在学习与实践中不断创新,逐渐探索出独具特色的华为组织客户关系模式。华为模式的关键点主要分为三步,第一步是对客户群"清晰分级、清楚内涵、理性评估",第二步是与战略客户"频度互动、深度结盟、高度共识",第三步是建立"一五一"系统工程管理体系。

华为组织客户关系模式的第一步是:对客户群"清晰分级、清楚内涵、理性评估"。华为是一家战略目标导向极强的公司,任正非深知,要成为世界级的行业领袖,必须清晰选择客户的原则,而"客户层次与结构"将决定华为的层次与未来。华为根据标准,将客户分为S、A、B、C共四类,S类客户是战略客户,A类客户是伙伴型客户,这两类客户都是公司的重点客户,B、C类客户属于现金流客户。对客户分类后,华为对战略客户和伙伴型客户会深入洞察,从原来只看项目、看机会的商业角度,转到以经营与管理专家的视角去了解客户的行业、业务类型、商业模式、运营效率、组织特点与管理水平,综合判断客户的发展潜力。关键客户关系使华为与客户合作成功,组织客户关系帮助华为不断增长与盈利,而组织客户关系是为了双方在中长期的共同有效增长与发展,这就要求通过高层团队的交流使得双方在经营理念、战略方向、主流业务、商业模式、组织管理与企业文化上,能够找到更多的契合点,逐渐建立与最终达成更多的共识。当然这也对华为管理与营销团队提出了更高的要求,在这个问题的把控上,华为采取的是"理性评估、绝不妥协",例如,必须清晰分析客户未来3~5年的战略方向,假如客户企业未来的发展战略与华为不匹配,甚至背离的话,即使这家客户对营收贡献再大也会被定义为现金流客户,华为对其的关注和投资也会逐步收缩,在这一点上华为绝不含糊。

华为组织客户关系模式的第二步是:与战略客户"频度互动、深度结盟、高度共识"。"频度互动"是指华为与其战略客户会建立起定期与不定期的高层互访制度,通过展会、年会、公司参观等方式进行互访,华为注重公司参观,高层互访一年要做到2次以上。"深度结盟"包括商务与研发技术两个方面,在商务方面是争取签订战略合作协议,帮助关键客户高层降低决策与采购难度,或通过框架协议,圈定未来两年的重点项目，最好形成独家合作，并减少中间环节，省去招投标的过程，以便给客户提供更有价值与更高层次的服务；在研发技术方面，尝试与客户成立联合创新中心，帮助客户在技术上突破，好处是与客户技术团队沟通紧密、协同默契，还可与客户进行知识产权的共享，联合进行行业创新申报，让战略客户取得领先的行业地位。"高度共识"体现在由双方高层共同参加的战略对标会，通过每年1~2次的战略对标会，对双方之后的务实合作具有潜移默化的推动作用。通过战略对标会，华为不仅能全面了解客户未来的战略、投资领域、业务范围、商业模式、运营特点等，还能将自己对行业技术趋势、商业模式创新、运营效率提升、组织变革与管理创新的经验赋能给其战略客户，高度引导客户持续性地共同成长。华为与其战略客户的"三度"活动，不仅强化了双方的长期战略性关系，华为在助力客户增长的前提下自身也得到了持续地高速增长。

华为组织客户关系模式的第三步是：建立"一五一"系统工程管理体系，即打造一支营销队伍，采用五种方式，包括参观样板点、展览会、技术交流、管理和经营交流，以及参观公司，建立一个资料库。华为设立了营销管理委会员，下设的客户关系管理部专门负责研究、评估并督促客户关系的建立和改善，率先将关系营销从利用关系、请吃饭、降价等手段，发展为帮助运营商发展业务，创建与有实力、有价值的战略客户和伙伴型客户的新型关系，在实践的摸索中，逐步系统化、科学化、标准化、规范化、流程化。比如，为了增强战略客户对华为的感知，华为会热情邀请客户到公司考察，整个考察过程的流程都非常规范，细心周到。在客户来公司考察的前两天，华为客户关系管理部的工作人员会先与客户电话沟通考察的安排，并征求客户的意见，了解需求，必要时调整接待内容。在当天的考察活动中，华为会派出礼宾车提前在车站、机场等处接待，全程陪同，对礼宾车司机会精心挑选，对其驾驶技术、形象气质、着装礼仪等都会进行精心培训，其西装也是私人定制，价格不菲。第一站一般先带领客户参观产品展厅和企业展厅，展厅内会显出欢迎的电子标识牌，设有专业人员讲解产品与服务，现场设有互动和体验区，增进客户对华为的感性认知，并会安排全体来访人员合影。在客户离开展厅前往别的区域参观时，每名来访人员会收到合影的相框。然后，华为会安排客户参观立体物流基地、华为大学、华为百草园等处，每处都有专业人员给予讲解。整个接待流程规范、专业，密切加深与客户的关系和感情，细节周到，让客户印象深刻。对于国外的客户，华为不仅让其近距离感知华为公司，还会安排其感知我国，一般设计沿两条线路参观考察，一条是北京—上海—深圳—香港；另一条是香港—深圳—上海—北京，整个参观考察过程规范有序，以此增进客户对公司乃至我国环境的全方位感性认知。

企业在发展过程中，需要持续选择战略客户。华为以5～10年为战略周期来分析和创建客户关系，以年度为单位进行关系评价和动态调整。每年年底，都会对比分析客户关系，评估年初的预期与实际结果之间的差距，如有偏离，是什么原因导致的？是否能被接受？是否需要调整？是否有新崛起或衰落的客户？客户的业务和战略是否有调整？客户是否有新的可选择的战略伙伴？与客户的关系是增强了还是减弱了？客户的满意度方面出现了什么问题？通过客户的反馈确定下一年度改进客户关系的方向，并将客户的意见及提高客户满意度列为年度工作规划中的十大重点任务。对每个战略客户，华为经过3～5年的努力就会形成相对完善的客户档案和供应商档案。客户档案会客观地记录客户的基本情况，展现客户的发展前景，对华为的价值关系等，这是华为将自己当成客户，来反观对象企业，以此研判双方的合作前景。供应商档案记录的是客户的多家供应商的基本情况，这是把华为当作客户的一个供应商,掌握客户对华为及其他供应商(即竞争对手)的评价,明确自己与竞争对手的竞争态势。"知彼知己,百战不殆",这两个档案资料的不断完善,战略客户的不断创造和调整,构成了华为战略客户关系营销管理螺旋式上升的完整流程,引领着华为牢牢掌握着市场的主动权,不断攻城略地,开疆拓土。

第 3 章
基于客户服务的战略营销

如果说客户关系的经营是华为战略营销的第一台发动机,那么客户服务策略就是华为营销的第二台发动机,这台发动机的综合职能将决定华为在成交之后的表现,涉及从端到端的整个商务流程的成果,服务发动机与关系发动机相互配合,同频共振,共同支撑了华为营销的开疆拓土。30 多年来,基于战略的华为客户服务策略也经历了三个不同的阶段,分别是"贴进去""离得开"与"升上去"。"贴进去"是指华为客户服务营销的第一个十年是贴近客户的、无微不至的、全天候的直接服务。"离得开"是指华为服务营销的第二个十年是通过培育分销商体系,培育客户维护体系,以高效咨询与关键解决方案的方式给予客户的间接服务。"升上去"是指华为客户服务营销的第三个十年是通过建立全球化的服务综合体系,通过本地化的服务体系、物流体系、人才培育体系、资金支持体系等多个方面,综合性地引领客户的运营与维护体系的升级与发展。

3.1 确保运营:提升客户满意度

在华为营销体系中,客户服务是一项关键性的职能,它是华为营销中早期与中期的主要发动机,到了后期华为服务的内容已发生了较大变化,但全心全意为客户服务一直是华为的核心价值主张,也是华为保持客户高满意度的关键底线。在华为早期的文件中就有任正非的这样一句话:"我们生存下去的唯一出路是提高质量,降低成本,改善服务,否则十分容易被竞争对手一棒打垮[⊖]"。我们可以看出,华为在发展的早期就清醒地认识到质量好、服务好、价格低是华为必须做到的。

纵观华为 30 多年的成长史,其客户服务模式可分为三个阶段:第一阶段为保障安全运营模式(1988~1998 年),在

⊖ 来源《从两则空难事故看员工培训的重要性》,1994 年。

这个阶段，华为的产品有一个逐渐成熟的过程，服务则是一种不可缺少的弥补之力，此时的服务目标就是把问题解决在机房里，全周期地保障客户设备的安全运营，无微不至，细致入微；第二阶段为提升经营效率模式（1999～2008年），此时的华为产品质量过硬，综合技术实力有了长足的提升。华为作为行业专家逐渐将日常维护工作转给了当地的服务商或客户方，自身主要承担综合性的技术支援工作，给客户提供综合性的解决方案，帮助客户提升经营效率，实现盈利性持续增长；第三阶段为创造综合价值模式（2009～2018年），此时的华为技术在ITC运营与消费者手机两大业务中都走到了世界前列。在ITC运营业务中，华为通过组织客户关系模式与战略客户"频度互动、深度结盟、高度共识"，在研发技术、运营协同、行业拓展等方面给予客户综合性的赋能；在消费者业务上，整体性地策划品牌，做线上线下、社群推广与用户经营等工作，市场位势不断提升。

　　任正非在华为服务营销的第一阶段就指出："华为文化的特征就是服务文化"，在创业时期华为就认识到服务的广泛性内涵，服务营销涵盖了全体员工、多要素、全流程，包括了设计、制造、市场推广、销售、调试、维护等全环节。企业只有用优良的服务才能争取到用户的深度信任，信任是取之不尽、用之不竭的商业源泉，这是企业的核心竞争力。当时有很多企业把服务看作成本，看作销售之后的多余付出，往往是态度被动，响应勉强。华为则强调服务的虔诚性、主动性、快速性与流程化，把1998年定义为"华为服务年"，以前所未有的高度重视服务，打造服务营销体系化的职业规范，这是华为第一个十年对客户服务营销认识的高度总结。

服务的虔诚性是指以博大的胸怀待客。没有错误的客户，只有没能满足客户需求的企业。对待客户的要求，怨天尤人、抱怨是不正确的，企业无法左右客户，唯一可控的就是自身，应积极找办法，改进服务。华为在对营销人员培训时，专门梳理出对待客户的错误言行，如"这事不归我们部门负责""这是公司的规定"等，面对客户的指责，争辩、争吵、为自己辩护，不分析客户的个性化需求，片面强调一视同仁，缺乏真诚的个性关怀都是错误的。当然，无原则地迎合客户的"过度"要求，或者在事实澄清以前就不负责任地承诺也是错误的。在华为人看来，为了公司的营销，所做的一切都不是可耻的，早期公司高管的一项任务就是到客户处挨骂，代表公司向愤怒的客户真诚赔礼道歉。

服务的主动性是指主动贴近客户，而不是消极等待、被动地响应。不仅仅是在客户出现问题后采取行动，而是在密切接触客户的过程中,设身处地地站在客户立场上,主动发现问题,既满足客户的显性需求,又发掘和满足客户的隐性需求。华为在战略区域,聚焦战略性客户,将销售与服务人员派到一线,持续黏住客户,以主人翁精神帮助客户解决问题,以专业性的服务方式,聚焦于客户的需求点,用服务营造持续而牢固的客户关系。

服务的快速性是指以超越对手的速度满足客户需求,能够在第一时间赶到现场,迅速解决问题,这反映了前方营销人员与后方技术支持人员高效的协同能力。紧急情况下,华为甚至会不惜代价,租用直升机运送人员和设备。技术人员拎包到现场后,进入机房就可以开展工作,困了就直接在机房里铺上毯子或垫子休息,直到问题解决。华为走向境外市场的第一单,就是靠快速反应取得的。1996年,和记电信获得固定电话运营牌照,需要在3个月内完成移机不改号的任务,能够提供服务的欧洲供应商不仅价格高,而且至少需要6个月才能完成移机任务。当时尚未出名的华为,仅用不到3个月的时间,提前圆满完成了这一任务,谱写出走向境外市场的精彩篇章。

服务的流程化是指华为服务营销的标准化、专业化、个性化。标准化是细化服务内容,明确服务标准,使企业和用户都能有可衡量的理性依据去评判服务的水平；专业化是加大对服务人员的培训，提高素质，以规范的流程和标准，提供优质服务；个性化是针对不同客户的不同需求，或同一客户在不同时期或不同背景下的需求，提供多样化的服务，满足其个性化需求。综上所述，华为服务营销的第一次战略转型，是将直觉的商业冲动升级为体系化的职业规范与流程。

3.2　有效经营：救急盈利双兼顾

华为客户服务营销的第二阶段是：提升经营效率模式（1999~2008年），第二个十年，是华为从销售额120亿元增长到1200亿元的阶段，也是华为成长的关键性阶段。在这一阶段中，华为的客户服务营销实现了战略性升级，一方面华为继续发扬与创新了第一阶段全心全意服务客户的经营理念与文化，在客户遇到最严重的危急时刻，比如自然灾害、战争灾难时，坚守岗位，积极救援，不畏风险；另一方面，吸收西方服务经营的最新思维，升级服务模式，将一般性的服务转给合作方或客户方，华为给客户提供了更具价值性的系统解决方案，帮助客户改进经营，提升效率，增加盈利空间，实现快速增长。

华为在1996年走向境外时，放眼全球市场，发现条件稍好的市场早已被国外友商抢占一空，只有那些偏远、有动乱、自然环境恶劣的区域未被开发，这就是华为的机会。从那时起，众多华为儿女背井离乡，在世界各地奋斗与拓展。正如任正非所说，在开拓国际市场的历程中，无数优秀的华为人奔赴疾病肆虐的国家/地区，硝烟未散的国家/地区，海啸、地震灾后的国家/地区等，真可谓在枪林弹雨中成长。有的员工在国外遭歹徒袭击，头上缝了30多针，康复后又投入工作；还有员工在飞机失事中幸存，惊魂未定又救助他人，他们为服务客户全心全意、无怨无悔。为了帮助客户应对突发事件，协助客户快速恢复网络的正常运营，保障客户的生命财产安全，华为在这一时期建立了成熟的"业务连续性管理体系"，制定了应对地震、海啸、战争、网络攻击等多种典型场景的突发事件应急预案。在一系列的突发事件中，华为的现场人员全力拼搏，后方人员全力支持，全力以赴地帮助客户抢修网络设备，一次又一次地证明了华为的服务承诺。对于表现优异的员工，华为都将进行一系列的奖励与升级，这已经成为华为一种独特的服务文化与价值观，再次体现了为客户服务是华为存在的"唯一"理由。

2003年,华为在IBM咨询专家的帮助下,实施了新的服务战略,称为"三大转移",即设备的系统安装工程向区域合作方转移,日常运营与维护向用户方转移,以及用户服务中心向技术支援职能转移,这标志着华为开启了服务营销的模式升级,进入服务产品化的新阶段,把客户服务从成本中心转变为利润中心,从向客户提供直接的运营与维护类服务,转向提供能提升整体运营效率的技术解决方案,以及能提升客户经营业绩的改进方案,去帮助客户实现业绩的有效增长,为客户创造更多更大的价值,实现服务模式的创新与服务增值。任正非倡导的服务创新理念"深淘滩,低作堰"是源自战国时期李冰父子修筑都江堰时的治堰准则。任正非认为,这一准则具有穿越时空和领域的普适意义,同样可以适用于企业管理领域。"深淘滩"就是要求华为必须不断提升自己的综合能力,从创造一般性的价值转向创造更高的价值,将创造一般性价值的机会让渡给客户与合作伙伴(区域代理商)。华为无论是从体系上,还是从组织上、个人能力上必须是更高效率、更大价值的提供者,同时,通过高效管理,架构合理的运营模式,降低运作成本,在服务上具备更强的组织能力。"低作堰"就是节制自己的贪欲,把自己的利润降低一些，多给客户留一些，并善待上游供应商，华为要赚小钱不赚大钱，只留合理的利润，让利于客户，让利于合作伙伴，让利于竞争对手。这种选择当然不是基于道德上的高风亮节，而是一种商业规律，是企业深层次的生存之道，也是持续发展的辩证法。

任正非说："华为推出集成产品开发流程和集成供应链，使要做的事从输入到输出，直接做到端到端，减少层级，将成本打到最低、效率最高。如果用一条龙做比喻，龙头就如营销，不断地追寻客户需求，身体随龙头不断摆动，而身体内部所有的相互关系都不变，即从客户的需求端出发，到满足客户需求端为止，企业的整个业务流程和各个部门，都在这个端到端的流程中构成闭环，这样既能快捷有效地响应客户需求，又能降低内部运维成本。在B2B（企业对企业）业务领域，华为可以为电信领域提供完善的端到端解决方案，产品覆盖移动通信、数据通信、光网络、固定通信、电信应用业务与软件、终端等领域。华为清楚要实现营销的持续突破，服务模式必须持续改进，而服务模式的升级则依赖产研销体系高效的一体化协同。"

3.3 共同成长：持续创新伴赋能

华为客户服务营销的第三阶段是：创造综合价值模式（2009~2018 年），华为在这个时期，ITC 业务与消费者业务都走到了世界的前三位。作为世界级的行业领先企业，华为是如何提升为客户服务的战略营销的呢？

首先，华为在运营商与企业业务的体系中，实施的服务营销战略升级方式就是"综合性与系统性的赋能策略"，具体包括以下四大方面：其一是助力客户成功，提供咨询服务。华为从 IBM 身上学到了如何通过咨询去引导客户，基于运营商客户的发展诉求，根据自身在全球的实践案例经验及强大的创新力，为其客户提供经营咨询服务，向客户提供移动、固定、ITC 融合及云场景下的商业模式、业务场景设计、用户体验设计等可以落地的咨询方案；其二是帮助客户培养专业人才。早在 2008 年，华为就发起了"未来种子计划"，旨在帮助广大客户高效培养 ICT（信息通信技术）专业人才，到 2016 年年底，华为已在 96 个国家/地区和国际组织播种了希望的种子，2013年华为又成立了ITC学院，不以盈利为目的，为客户培养应用型技术人才，提供华为认证课程；其三是给客户提供银行信贷与融资支持。华为在全球市场攻城略地的同时，与许多世界级的银行建立了良好的关系。随着市场的扩展，华为又发现了许多优质的地方性与区域的中小银行，以及许多具有良好专业水平与口碑的融资机构，华为通过举办区域性的"电信金融论坛与交流会"，帮助有经营空间的大量客户解决融资问题；其四，推动客户业务的云化，引导数字化转型。华为看出当下数字化转型是大势所趋，遂制定了将所有产品和解决方案全面云化的战略，针对运营商、企业、消费者三类客户，华为实施了一些策略。例如，在2015年，华为在帮助中国电信实施的"光纤大会战"获得阶段性成功后，又助力广东电信向企业云服务商转型。

其次，华为在消费者业务上进行了全新的探索与实践，以服务消费者的市场理念为导向，实现了终端消费者业务的"世界性跨越"。2011年，华为内部业务拆分为三个板块，分别是运营商、企业业务和终端消费者，手机业务独立出来，成立消费者业务部，终端消费者成为客户服务营销的重点，上升为企业的战略。同年，推出荣耀手机系列，开始从早期生产运营商贴牌的定制机，向自主品牌和中高端机转型，从

B2B 业务领域拓展到 B2C（商对客电子商务模式）领域，使华为服务营销面临全新的挑战。经过 8 年的不懈努力，到 2019 年，华为手机发货量从 300 万台增长到 2 亿台，增长约 66 倍，成为全球第二大智能手机厂商，全球市场份额达到 14.6%，成功掌握了面向大众消费市场的客户服务营销模式。完成这一难度极大的客户服务营销模式转型，华为经历了从贴近与学习小米到形成自身特色两个阶段。很多人觉得，华为将 B2B 业务领域的成功经验，可以顺利地移植到 B2C 业务领域，用通信领域的技术领先快速形成手机领域的优势，但实际并非如此，因为 B2B 与 B2C 的客户群差异巨大，业务模式完全不同，服务理念有天壤之别。当华为决心跻身自主品牌智能手机行列时，其在手机市场的排名在 10 名以外，此时的手机市场是三星、苹果的天下。从 2011 年到 2014 年，小米异军突起，利用互联网营销取得令业界震惊的骄人成绩，一跃成为手机界的三巨头之一。

任正非说："我们要向小米学什么？学习营销模式。" 2011 年，华为把小米当成榜样，一方面在产品推出方面，以低价格紧逼小米，以贴近小米的价格，倒逼企业内部业务的优化与整合，同时在客户服务上，学习小米对用户的深刻理解，创新服务营销策略；另一方面，学习小米的社区营销策略，将互联网和线下体验相结合，布局渠道体验网点，采用高调、面向大众消费者的营销宣传方式，提高知名度，形成客户口碑，建立品牌形象。小米采用预约购买的"饥饿营销"方式，华为同样娴熟运用这一方式；小米有"米粉"群，华为也打造出了"花粉"群。在学习小米的四年间，华为开始补短板，扬长板，进行一系列前瞻性的战略布局，在硬件技术上拉开与小米的距离，形成差异优势。特别是在2013年至2014年，华为实现了产品领域的突破，产品开始从中端到中高端覆盖，进军高端市场，由此开始大踏步超越小米，形成自身的特色。华为为应对全新的商业模式与互联网生态，在服务理念上保持了足够的柔性，从硬件技术"前浪"迅速转化为具有互联网基因的"后浪"，从技术产品的"理性成年"特质兼有了网络服务的"感性青春"元素，用技术创新所形成的产品优势，加之洞察客户需求的服务营销创新，再次成功地在B2C（商对客电子商务模式）领域实现了战略升级。

第 4 章
基于技术研发的战略营销

　　从华为营销的发展史来看，技术营销策略是华为战略营销的第三台发动机。在人们的印象中，华为是高科技公司，其核心竞争优势在于技术创新。华为基本法第一条描绘华为的追求是："成为世界一流的设备供应商""成为世界级领先企业"。华为坚持每年投入研发的资金超过销售收入的10%，强调技术领先，但技术创新如何才能成为华为战略的动力之源呢？这就需要华为技术创新与市场营销的战略性有机融合，真正做到"以客户为中心"，以客户需求为主要驱动力，从战略营销的高度把控技术创新的方向、方式与方法。根据华为成长史中的大量资料分析，任正非的思路是将技术创新作为营销策略的一种手段、一种方法，突破具有一定技术难度的市场领域。如果华为是一部由四轮驱动的汽车，前轮驱动就是营销驱动，后轮驱动就是研发驱动，在华为发展的第一个十年是由前轮驱动后轮，而在华为发展的第二个与第三个十年是前轮与后轮交替驱动，相辅相成。

华为技术调研的策略是"支起两只耳朵，瞪起一双眼睛"。一只耳朵用来倾听客户需求，技术研发更需懂市场；一只耳朵用来倾听行业技术趋势，创新更需有效性；一双眼睛是指盯紧竞争对手，领先半步。要将技术作为营销的驱动力，既要发挥倾听客户深度需求的市场策略，又要用好倾听行业技术趋势的创新策略，还要设计好透视竞争对手的领先策略，三者的轻重比例与兼顾平衡都是至关重要的。

4.1 研发路标：需求导向

华为在发展早期技术能力较弱，主要靠关系营销、服务营销黏住客户、稳住客户。随着企业规模的增长，资金与实力逐渐壮大，华为在不断加大自主研发的投入后，新产品新技术频频获得成功。当然，这其中也出现了过度追求技术创新的现象，技术人员闭门造车，埋头追求技术所谓的"先进性"，对客户真正的需求缺少了解，产品的设计附庸风雅，甚至脱离了客户应用稳定性的需求，出现严重的质量问题，也受到了市场的惩罚，付出了沉重的代价。如1998年，由于对客户解决方案的理解不准确，数字程控交换机的用户板设计不合理，导致华为须对全网 100 多万块用户板进行整改。2000 年，光网络设备因为电源问题，从网上回收、替换了 20 多万块，损失高达十几亿元；同样由于对西欧某运营商的需求在理解上有偏差，导致产品无法及时交付，只能被迫按合同赔偿。2001 年，由于出现网络泡沫，市场急剧下滑和萎缩，华为没有及时洞察外部环境的巨大变化，造成 5 亿元的器件库存和积压，其中 NGN（下一代网络）亏损超过 10 亿元、3G（第三代移动通信技术）亏损超过 40 亿元，导致在 2002 年，公司销售出现发展史上唯一的负增长。

痛定思痛，在 2003 年后，任正非反思了华为在发展中的失误与教训，提出了"营销为先，技术为后"的基本理念，即市场需求是研发的路标，客户需求是技术的方向。在 PIRB（产品投资评审委员会）产品路标规划评审会上，任正非提出要转变思路，从以往的"技术—产品—销售"模式，转成"客户需求—技术—产品"模式。这是一种前后排序。这种前后排序是战略问题，不是战术问题，要认识到基于客户需求的营销导向是企业生存发展的唯一正确之路，要永远坚守这一排序不动摇。他以美国波音公司设计 777 客机的成功事例来说明这种模式。波音在做新品设计时，不是先从技术的先进性规划产品,而是邀请各大航空公司的采购主管与波音的 PDT(跨功能部门的产品研发团队)亲密接触、充分沟通,由这些采购主管提出下一代飞机的整体设计理念与关键需求,进而在舱内座位和相关设置上进行整体改进升级,最终造就 777 客机的成功。在任正非看来,技术只是工具和手段,不是目的,技术固然重要,但如果一味崇拜技术,忽视了基于客户需求的营销导向,恰恰是大企业最大的战略风险。对于 ToB 类企业来说,产品与技术的复杂性高,技术的先进性与稳定性往往成为企业的核心竞争力之一。

华为早期成长的实践表明,所有的技术创新均须首先考虑客户需求背景。华为技术营销的战略密码是:基于客户需求的营销为先,基于技术创新的研发为后。

4.2 市场浸泡:领先半步

1995 年之后,华为 C&C08 数字程控交换(以下简称 C&C08 机)机的市场稳定放量,开发这款产品的第一任项目经理毛生江被安排到营销体系担任山东省区经理。由于毛生江具有扎实的技术功底,将商务、技术与运营三种思维有机融合起来，征服了一个又一个的关键客户，一年之后，他取得了骄人的战绩，成为华为全体技术人员学习的榜样，之后被提升为华为市场部副总裁。榜样的力量是无穷的，大机会在市场前线，快速成长在营销体系，技术的"高大上"必须经过市场的"摧残"。之后，华为明确了技术营销的策略方向，有计划、有组织与大规模地派遣研发技术人员进入市场营销体系，号称"百万儿女上前线"。任正非有一句名言："烧不死的鸟是凤凰"，这句名言是技术营销策略的生动写照。

华为内部文化也非常提倡跨部门的频繁交流，尤其是研发部与市场部的交流。任正非多次要求研发部人员要多交朋友，学习市场部人员的"喜群居，吃杂食"风格，出差住同一个宾馆，出门同吃大排档，没事多打电话。产品经理之所以进步快，就是因为他们常在一线，和客户交流多，感情深。华为早期的营销人员数量超过技术人员，中期的研发人员数量超过营销人员，之后营研两大体系的相对占比长期稳定在35:45左右，研发体系是营销体系的后备军与预备队。这说明华为在把控前轮"营销驱动"与后轮"技术驱动"的规模比例及快慢切换上，表现得游刃有余，得心应手。

通信行业属于技术含量较高的行业，其技术创新路径通常有两类：一类是基于客户应用需求的小创新；另一类是基于核心技术突破的大创新。前者投资小、周期短，对研发体系要求低；后者则投资大、周期长，对研发体系的规模要求高，华为的成长演绎了以前者为重，逐渐过渡到以后者为重的过程。在这个过程中，华为始终将技术创新的有效性放在首位，拒绝虚荣性的"叶公好龙"式创新。1993 年华为 C&C08 机的市场初步稳定，如何才能在我国市场实现"农村包围城市"的战略呢？低密度市场的"设备成本"成为突破的关键。

当时国外的万门交换机都是用电缆连接的，成本高，在农村缺少实用性，而李一男和郑宝用是学光通信的，他们建议用光纤代替电缆。当时国内光纤通信技术（SDH）尚不成熟，没有统一标准，华为于是大胆实践，自己设定了一个标准，将交换机母机放在县里，将终端模块通过光纤先设在乡里，最后延伸到村里，在我国农村广大低密度市场上难以置信地实现了高覆盖。在无线通信方面，华为基于我国国情，强化了 ETS 产品的应用性开发，使得有线与无线设备相互补充，将中低密度市场的点、线、面的通信效率发挥到极致，为其围攻我国高密度的大城市市场及走向世界市场奠定了坚实的战略基础。华为在处理技术创新的"大方向"与"小突破"的矛盾上,既高屋建瓴地顺应了行业技术的发展趋势,又紧贴了市场需求与客户应用的地气,辩证统一地将技术创新的火力聚焦到营销策略的关键点上。

超越一个又一个竞争对手是华为成长之路上的标志,一路走来华为在不断吸取竞争对手有价值的经验与教训。在 2000 年左右,美国贝尔实验室最早发现波分,北电网络首先对其进行产业化,然而北电网络的 40G 投入过早、过猛,最终由于领先于市场三步,过早引领技术潮流而失败。无独有偶,日本的 400G ATM(异步转移模式)交换机在投入我国香港市场时,客户对这种模式还缺乏认识,因为它领先于当时客户需求二步,而最终夭折。任正非认识到,技术领先一步都可能成先烈,领先半步才能成先驱,很多失败与破产的公司,不是因为技术不先进,反而是因为技术过于超前,与当时的市场接受度与消费者认识度存在差距。当这些公司加大市场宣传和开发力度,逐步赢得消费者的认可后,其竞争对手则快速跟进,后发制人,反而可能成为市场的最后赢家。

在 20 世纪末期,郭士纳接任 IBM 总裁后,实施的就是这一竞争策略。在苹果的个人电脑推出市场 4 年后,IBM 才突然发力,很快就在个人电脑的市场份额与影响力上反超了苹果,这让当时刚刚走进国际市场的华为深受启发,令华为将后发制人作为技术营销的主策略。当然,这一策略的运用需要多种前提,以及决策者的战略定力与把控功力。前提一,具有世界级的宏观行业视野比具有世界级的领先技术水平更重要,这样才能评估技术先进度与市场接受度的空间差距。前提二,要跨越时空进行战略投入,在研发体系上早投入、持续投入,孕育足够的、能弯道超车的潜在技术动能。前提三,把控好超越竞争对手的切入时机(市场机会窗口期),突然爆发自身的整体潜力,大幅度地超越竞争对手,以使竞争对手仅有招架之功,而全无还手之力。

4.3 研发模式:继承创新

华为在创立时虽靠营销起步,但任正非深知代理国外产品没有未来。1989年,任正非下定决心要自己动手,开始组装第一款产品——低端交换机BH01。由于产品价格低,在切入低端市场后,很快就供不应求,但生产这款产品需要购买供应商的元器件,在关键时刻,供应商却以断货相威胁,掐住了华为的命脉。任正非着急地说:"再发不出货,公司就要破产了"。痛定思痛,经过了近一年的研发攻关,华为终于成功自主研发出可控制供应链的交换机 BH03。这一刻骨铭心的教训,使华为坚定了自主研发的意志,在 1998 年的华为基本法中规定"我们保证每年按销售额的 10% 拨付研发经费,有必要且可能时还将加大拨付的比例。"这一量化的宣言,彰显了华为战略的执着与坚定。

前轮营销驱动,后轮研发驱动,构成华为战略营销的两极,成为公司快速成长的两大动力之源。一手抓营销,"胜则举杯相庆,败则拼死相救";一手抓研发,强调"板凳要坐十年冷",沉下心耐住寂寞,持续创新。然而,任正非很快发现,研发与营销开始脱节,前轮驱动与后轮驱动出现高频冲突,切换出现失衡。在技术高手云集的研发体系中,始终弥漫着追求性能先进性、用材高贵性与设计完美性的理想情节,侧重技术上的细节、专业与局部思考,忽略客户实际的应用、维护、运营与经营的整体思考,使得研发与营销之间仿佛始终存在着一条隐形的、深不可测的、难以逾越的鸿沟。1997 年,华为的销售额虽然增加了,但利润却下降了,原因在于研发的方向与节奏把控不好,没有处理好产品的先进性与稳定性、专业性与维护效率两对关键性矛盾,后轮不懂前轮的"痛"。任正非忧心地说:"产品路标是把华为公司带向天堂还是地狱？是你们决定的。"而前轮与后轮"频率相错""切换失调"该如何化解呢？

1998年，华为的研发部、产品部和市场部相互分离，研发部依据技术的发展趋势设定技术路标；产品部根据技术路标形成产品路标，开发产品；市场部将产品销售推广给客户。

任正非认为这一模式效率低下，难以及时洞察市场和客户需求，提高客户的满意度，本质上是一种技术驱动模式，必须改变。1998年年底，任正非到美国考察IBM公司时，得知IBM在高速增长时也遇到过类似困境，几乎破产，是郭士纳的改革让IBM神奇般地起死回生。郭士纳在IBM公司成功运用了IPD（集成产品开发）研发管理，实现了研发与营销的协同。IPD就是通过跨职能部门的团队协作，把研发、营销、采购、财务、服务等职能整合起来，实现业务过程的结构化、流程化。如获至宝的任正非完全被IBM的创新理念与管理模型所吸引。这一理念的精髓是：①保持技术领先；②以客户的价值观为导向，按对象组建营销部门，针对不同行业提供全套解决方案；③强化服务，追求客户满意度；④集中精力，在主营业务领域发挥规模优势。任正非与高管人员回到旅馆后，意犹未尽，三天没有出门，开了一个工作会议，"消化了"他们访问时做的笔记，整理出一厚沓简报准备带回国内。

之后，华为引进了IBM管理咨询项目，IBM顾问指出了华为的问题：缺乏准确、有前瞻性的客户需求关注，各部门流程衔接差，缺乏跨部门的结构化流程，作业不规范，内部本位主义，各自为政，内耗严重……这些问题直击华为的痛处。华为以"削足适履"的精神，花费数亿美元，不折不扣地从IBM公司引进了IPD和ISC（集成供应链管理），通过流程变革来实现从"技术导向驱动"转向"客户需求导向驱动"，从根本上改变了全体华为人狭隘的经营理念与局限的管理思想。

任正非强调，IPD关系到公司的命运，必须向业界最佳者学习，学得明白就上岗，学不明白就下岗。1999年11月，任正非在IPD变革会上提出"先僵化、再固化，后优化"的变革方针，五年内不许做任何改良。"我们是要先买一双美国鞋，不合脚，就削足适履"，五年后可以局部改动，十年以后才能结构性改动，要持续对业务体系进行变革。2002年，华为所有新启动的项目按照IPD流程运作，市场营销代表形成产品概念，技术研发代表根据产品概念提出研发方案，财务代表、用户服务代表、生产代表、采购代表、品质代表都要根据自己的职责提出意见看法。所有代表的意见达成一致后，形成业务计划书，提交给产品线 IPD 集成组合管理团队评审。

IPD 和 ISC 的新模式，使分离的各部门在客户需求导向下，实现了高效一体化协同。市场部、研发部、采购部、供应链、财务部、服务部等全过程、全要素参与协同，确保了运营体系的持续高效优化，使得充满本土文化基因的华为蜕变为一家具有国际商业基因的世界级企业。经过十几年的持续优化，直到 2016 年，华为推出"口诀法"，终于将组织打造成为以业务流程为核心的高效管理模式。华为 IPD 变革的最大价值就是将营销驱动与研发支撑有机融合，有节奏地切换，拉动与引导整条价值链的协同。这种规范化、格式化、流程化与结构化的运作保障了华为十余年的发展。前轮驱动的市场营销与后轮驱动的技术研发，有节奏的切换，有秩序的协同，使得华为成为一辆世界级四轮驱动的超级赛车。

任正非在 2019 年 1 月 2 日《致全体员工的一封信》中说道："二十年前的 IPD 变革，重构了我们的研发模式，使我们实现了从依赖个人、偶然性推出成功产品，到制度化、持续地推出高质量产品的转变。至今为止，我们的产品和解决方案已经在 170 多个国家安全稳定运行，并因此积累和赢得了全球数万客户的信任。今天，我们又处在一个新的起点，全面云化、智能化、软件定义一切等发展趋势,对 ICT(信息与通信技术)基础设施产品的可信提出了前所未有的要求。可信将成为客户愿买、敢买和政府接受、信任华为的基本条件。"未来五年,华为的发展方向是全面提升软件工程能力与实践,战略投入 20 亿美元,在 ICT 基础设施领域实现为客户打造可信的高质量产品的目标。

4.4 进无人区:砥砺前行

华为当前的技术团队是世界级水平的,他们的理想就是"揭开上帝的面纱",这个上帝来自大自然,也来自产品技术,充满着有序、规则、理性与逻辑,包含着理想的基因;华为的营销体系也是世界级水平的,他们的理想是"揭开另一位上帝的面纱",另一位上帝来自人间、人性与人情,来自市场、运营商与客户,这里充满着无序、随机、感性与直觉,包含着现实的基因。华为技术营销的动力源泉恰恰来自这两种基因的融合。在商业世界中,现实基因是第一位的,理想基因是第二位的,前者可能决定后者。用任正非的话说,就是"以技术为中心和以客户为中心两者像是拧麻花一样,一个是以客户需求为中心来做产品;一个是以技术为中心来做未来架构性的平台"。用满足客户需求的技术创新体系来科学加艺术地响应这个世界,现实基因与理想基因的有机融合,共同推动着华为公司业绩的持续增长。

华为起家于代销国外产品,走着一条从代销到自主研发之路。任正非早在企业起步阶段就认识到,没有自主研发的技术,没有创新,就没有企业的未来。华为从1990年开始就在关键零部件上进行技术创新。1999年,任正非在华为研发体系"创业与创新"反思总结交流会上,发表了《创业创新必须以提升企业核心竞争力为中心》的讲话,指出华为要建立新的薪酬制度,通过制度化的研发投入,为进行有价值的创新提供保障,围绕提升企业核心竞争力,在吸收世界各发达国家/地区先进公司创新经验教训的基础上进行创新。人才的最本质特性在于创新,字典和图书馆里虽有很多知识,但没有创新性,而有创造性的人才叫人才。任正非借毛主席的名言"希望寄托在你们身上",勉励研发体系的青年人才,选准公司需要的技术方向进行突破,让生命绽放光彩。

2000年,任正非总结了华为十年创新的经验,发表《创新是华为发展的不竭动力》一文并指出,华为十年的发展历程，是在艰难的条件下创新的过程。创业初期，除了智慧、热情、干劲外，公司几乎一无所有，但华为自始至终以实现为客户创造价值为经营管理的理念，围绕这个中心，为提升企业核心竞争力，进行不懈的技术创新与管理创新。华为经过十年的艰难困苦的奋斗，终于在 SDH 光传输、接入网、智能网、信令网、电信级 Internet 接入服务器、112 测试头等领域开始处于世界领先地位。由于 IT 业的技术换代周期越来越短，技术进步慢的公司的市场占有率可能会很快萎缩，因此，大环境迫使所有的设备制造商必须做到世界领先。IT 行业每 49 天就刷新一次，这对从事这个行业的人来说，太残酷了。

没有创新，要在高科技行业中生存下去几乎是不可能的。在这个领域大家没有喘气的机会，哪怕只落后一点点，就可能意味着逐渐死亡。回顾华为十年的发展历程，只有不断地创新，才能持续提高企业的核心竞争力，在技术日新月异、竞争日趋激烈的社会中生存下去。若不冒险创新，跟在别人后面，长期处于二、三流，华为将无法与跨国公司竞争，也无法获得活下去的权利。华为的创新，强调有边界的创新，也就是一定要围绕商业需要，围绕企业的核心竞争力进行创新，以为客户创造价值为目标，不是为了创新而创新，为了获得诺贝尔奖而创新。华为需要的不是院士，而是"院土"，即围绕创业主航道的创新——把有限的资源和机会,按聚焦战略和压强原则,投入主航道。华为的创新是有约束的,不准胡乱创新,因为无边界的技术创新会误导公司战略。贝尔实验室垮掉的教训就充分说明了这一点。贝尔实验室的本职是做通信,却发明了电子显微镜,这样虽满足了科学家的个人愿望,创新成果却不能为企业带来价值。

华为的创新,强调合作,不一定都要自主创新。任正非认为,现代是开放的时代,要有宽广的胸襟和视野,别人已经做出的创新成果,可以通过合作、支付专利费用,为己所用。反对一切都强调要自主创新,如果一切都自主创新就会把自己封闭起来。任正非说道:"自主创新就会陷入熵死,这是一个封闭系统。我们为什么要排外?我们能什么都做得比别人好吗?为什么一定要自主,自主就是封建的闭关自守,我们反对自主。"任正非还指出,没有优势的领域,就应对外开放合作,为此华为要加大对知识产权的保护,重视知识产权的转化,否则真正伤害的是我国有发展潜力的企业而不是西方企业。华为的创新要针对优势领域,用"针尖"战略,掌握一批"黑科技",以此确保领先的优势地位。任正非对技术研发人员反复强调:"对核心技术的掌握能力就是华为的生命。"通信和数据中心领域是华为的本职领域,华为从 2G 发展到 5G 期间，从跟随者逐渐到积极贡献者，最终成为领跑者，走到了最前沿。

华为的创新，强调宽容，容忍失败。创新是对原有事物的否定和发展，导向未来的发展方向和趋势，必然带有不确定性，存在风险。对创新者本人而言，一方面需要有冒险精神，而求四平八稳、稳妥可靠的人是无法创新的；另一方面也需要创新的土壤，容忍失败。在华为看来，企业是否真正在进行创新，首先要看投入，企业是否在持续进行研发资金的投入，其次看企业的制度和文化环境，是否能够支撑企业的创新。华为在这两个方面坚定不移地进行。通过创新资金的投入，不断完善制度、培育创新文化，激发员工的创新精神。只要员工在自身工作范围内有所改进，不管改进的大小，都会给予相应的物质和精神奖励，以"小改进大奖励"为原则，微创新的涓涓细流终将汇成持续的创新洪流。

华为的创新在坚决攻进无人区，做领跑者。因为企业只有攻进无人区，才没有竞争对手，没有利益冲突和矛盾，才可以自由飞翔。任正非所说的无人区，指的是在这个领域中，一是领跑者，一切都靠自己的探索，没有人指明前进的道路与方向；二是规则的制定者，要靠自己制定规则，由于没有规则，就无从遵循和借鉴，不知道哪里是陷阱，哪里是鲜花，完全进入一个新的探索领域。而探索就可能走弯路，遭遇失败，被后面跟随的公司所超越。过去，华为公司都是跟随别人，节省了很多开路费，但走到今天，华为必须自己来开路了。开路，就要承担失败的责任，付出代价。

2016年5月，任正非在全国科技创新大会上，做了《以创新为核心竞争力，为祖国百年科技振兴而奋斗》的发言，指出华为进入无人区后，"已感到前途茫茫，找不到方向。华为已前进在迷航中。"任正非说，人类社会的发展，都是走在基础科学进步的大道上的，而基础科学的发展，是需要耐得住寂寞的，板凳不仅仅要坐十年冷，有些人一生寂寞。未来二三十年，人类社会将会演变成智能社会，其发展面临着极大的不确定性，也给千百万家企业提供了千载难逢的机会。华为目前有8万多名研发人员，每年销售收入的10%以上用于研发经费，其中约20%~30%用于研究和创新，70%用于产品开发。未来几年，华为每年的研发经费会逐步提高到100亿~200亿美元。华为在世界各地建立了26个能力中心，且逐年在增加，还聚集了一批世界级的优秀科学家，他们全流程地引导着公司。但是，华为现在的水平还停留在工程数学、物理算法等工程科学的创新层面，尚未真正进入基础理论研究。随着研究逐步进入香农定理、摩尔定律的极限，面对大流量、低时延的理论还没创造出来的状况,华为已感到前途茫茫,找不到方向。重大创新是无人区的生存法则,如果没有理论突破,没有技术突破,没有大量的技术积累,是不可能产生爆发性创新的。华为正在本行业逐步攻入无人区,处在无人领航、无既定规则、无人跟随的困境。华为跟着人跑的"机会主义"高速度,会逐步慢下来,创立引导理论的责任已经到来。面向不可知的未来,既有重重困难,又有重重机会和危险,不进则退。如果华为不能扛起重大的社会责任,坚持创新,迟早会被颠覆。

华为必须进行前瞻性研究,构建未来十年、二十年的技术理论基础,吸引世界顶尖的科学家加入,鼓励科学家和专家探索行业的主航道,揭秘未来技术的秘密。同时,技术创新将在何时、何地,以何种方式实施商业化运营,要取决于市场营销与客户需求的现实,因为任何先进的技术、产品和解决方案,只有转化为客户的商业成功才能产生综合的市场价值。华为在产品的投资决策上,坚定不移地坚持客户需求导向优先于技术导向的原则,已成为企业的核心竞争力。

Chapter Five 05

第5章
基于新品拓展的战略营销

2019年4月11日下午,在上海东方体育中心,华为P30系列手机在春季新品发布会上惊艳亮相,现场的"花粉"们激动欢呼。至当天18时8分,线上线下全平台同步发售。华为商城官方数据显示,开售仅10秒,销售额就突破了2亿元。继P20之后,华为智能手机业务再次呈现出势不可挡的强劲动力及引领手机潮流的前景。

华为2018年年报显示,2018年华为(含荣耀)智能手机的发货量为2.06亿台,同比增长35%。市场研究机构IDC的报告显示,2018年华为(含荣耀)智能手机的市场份额达到14.7%,稳居全球前三名。华为消费者业务实现销售收入3 488.52亿元,同比增长45.1%,占公司年销售总收入7 212.02亿元的48.4%——近半壁江山。2019年3月29日,华为消费者业务部(CBG)举行了主题为"敢于领先,勇挑重担,激发活力多产粮"的军团作战誓师大会。该部 CEO 余承东透露了未来 5 年的战略目标——2023 年消费者业务达到 1500 亿美元、手机业务达到 1000 亿美元的销售收入。

2019 年,华为(含荣耀)智能手机的发货量超过 2.4 亿台,同比增长超过 16%,市场份额达到 17.6%,稳居全球前二名;其中,5G(第五代移动通信技术)手机的发货量超过 690 万台,市场份额占比全球第一。2019 年,华为消费者业务实现销售收入 4 673 亿元,同比增长约 34.0%。从为运营商生产低端定制机,到实现引领手机潮流的 5G 手机,华为智能手机虽然起步晚,但能后来居上,靠的是什么?又走过了怎样的发展路径?

5.1 战略转折的"遵义会议"

华为终端消费者业务经历了曲折的发展历程。早在 1998 年,华为就尝试过手机业务,但由于技术、质量和价格上缺乏优势,且与当时公司的战略定位不一致而放弃。同年通过的《华为基本法》的第一条就明确定位华为要"成为世界一流的设备供应商",也就是不再涉足终端产品。2002年,华为遭遇了自成立以来最严峻的困境,用任正非的话说就是"公司差点崩溃了"。销售业绩出现了唯一的负增长,公司重点投入的3G业务未能取得成效。2003年,华为成立手机业务部,决定进入终端业务领域。任正非说:"当年我们没想过做终端,因为我们的3G系统卖不出去,没有配套手机,所以要去买终端,我们是买不到才被迫上马的。"

从2003年到2010年,公司坚持主航道战略,强调"为航空母舰保驾护航"。正如任正非所说,华为手机是为华为技术系统配套服务的,依据运营商要求为运营商生产定制手机,尽可能控制成本、降低价格,因此大部分手机没有贴华为的标识,直接以运营商的品牌出售。这种营销模式,使华为手机难以有市场知名度。虽然依靠运营商的渠道优势,华为手机(定制机)在2007年出货量达到了2000万台,在2008年成为CDMA(码分多址)定制手机全球第三供应商,在2009年出货量超过3000万台,但贴牌生产的利润"薄如纸",使得华为手机业务在公司整个业务体系中处于边缘地位。另外,手机市场竞争异常激烈,苹果手机引爆全球智能手机市场,三星手机紧随其后,国内的中兴、酷派、联想手机也发展迅猛。在2008年全球金融危机时,华为甚至考虑过要出售华为终端公司。

战略转机来自2010年,这一年华为进军美国主流通信市场受阻,这意味着在通信设备供应领域的增长面临危机。华为酝酿着"云—管—端"的战略变革,任正非决定向终端消费者领域进军。在2010年12月3日召开的有200多名高管参加的座谈会上,任正非对华为终端重新定位:明确华为终端公司的最终客户是最终消费者,确定消费者业务与运营商管道业务、企业网业务一起成为公司的三大业务领域,强调要做华为品牌,着力于在手机终端上进行研发和品牌渠道建设。任正非表示:"我们不是防守,我们是一个进攻者。只有进攻才可能成功,防御是不可能成功的""现在我们要改变我们以前不做品牌的策略"。这次会议确定了品牌和主动进攻的战略,影响深远,被称为华为转型的"遵义会议"。不久,华为启动云计算战略,明确了"云—管—端"的发展新战略,手机终端业务被清晰地确定下来。

路线确定之后,干部就是决定因素。2011年,华为虽然确定了向终端消费者领域进军的战略,也有了自己的品牌,但80%的渠道仍然依赖运营商,手机业务领域进展不大。而在这一年,小米手机异军突起。小米公司成立于2010年10月,创立时可谓是"三无"——无用户、无知名度、无产品。但小米却在2011年发布第一代小米手机时,通过互联网营销模式获得飞速成长,开启了智能手机营销的新形态。2011年11月,华为在三亚召开会议,将内部业务拆分为三个板块,分别是运营商、企业业务、终端消费者,将手机业务独立出来,成立消费者业务部,服务终端消费者成为服务营销的重点,上升为企业的战略。任正非决定由3G产品总监、无线产品线总裁余承东出任消费者业务部CEO。任正非认为余承东"能抓大放小,有战略眼光"。2011年年底,华为将公司面向消费者的业务及芯片业务整合在一起。通过战略变革、调整组织结构、选择"统帅",华为开启了终端消费者业务的腾飞之路。同年,华为推出荣耀手机系列,开始从早期生产运营商贴牌的定制机,向生产自主品牌和中高端机转型,从B2B业务领域拓展到B2C领域,成为华为战略转型的标志。经过7年的不懈努力,华为(含荣耀)手机的出货量从300万台增长到2018年的2.06亿台,增长约66倍,成为全球第二大智能手机厂商,全球市场份额达到14.7%,成功掌握了面向大众消费市场的营销模式。这一业绩是如何实现的呢?

5.2 义无反顾地"翻越雪山"

为改变华为手机的低端形象,余承东确定产品策略走精品路线,大幅缩减低端产品,集中力量突破高端产品市场。2012 年,华为发布 Ascend 智能手机系列产品,开始试水中高端手机市场。同时,以消费者为中心进行品牌营销,开始赞助国家足球队和西班牙、俄罗斯等顶级足球联赛,并成为 AC 米兰、阿森纳等多家足球俱乐部的合伙伙伴。2013 年,华为在世界移动通信大会上展示了全新品牌理念"Make It Possible(以行践言)",展示出积极进取、敢于挑战、创造卓越的品牌精神。同年,华为推出 Ascend Mate、Ascend P6 产品,其中 P6 性能出色、设计纤美,市场表现抢眼,实现了中端价位的突破。2013 年 12 月,华为决定学习小米的互联网营销模式,主打的荣耀手机定位中低端市场,对标小米、酷派等手机,追求更酷炫、更极致的体验,价格定在 1000 ~ 3000 元,以满足年轻群体对时尚的需求。同时,华为手机还专注线下中高端手机市场,对标苹果、三星手机,推出追求高端、沉稳大气的特点,价位定在 4000 元以上的高端机型,进行品牌建设。华为用覆盖高、中、低端手机市场的广阔产品线,满足不同层级消费者的需求。由此,确定了华为手机与荣耀手机分工协作的双品牌战略,两个品牌共享公司研发的新技术,但两个品牌完全独立运营,具有独立团队和独立渠道,单独运营发展。

2014 年 6 月,荣耀手机推出全球首款八核 4G 荣耀 6 旗舰机,受到市场热烈欢迎。2016 年,荣耀手机的全年出货量高达 7220 万部,已经把小米远远甩在后面。华为手机在 2014 年 9 月推出 Mate 7,用上自主研发的麒麟 Kirin925 超八核处理器。自主创新的整机架构设计方案,搭载全新升级的 EMUI3.0 系统,以及一系列革命性创新技术的运用,带来了人性化的极致体验。该款手机高配版的价位定在 3699 元,一举改变了华为手机廉价低端的市场形象,成为华为手机品牌建设的转折点,也是国产中高端手机的第一个爆款产品。2015 年后,华为手机开始全面赶超苹果和三星,逐渐形成 Mate 系列和 P 系列产品。Mate 系列主打技术,P 系列主打艺术和拍照。2016 年,华为手机 Mate 9 系列发布,并登陆美国市场,成为第一款在美国市场发布的高端旗舰机。限定款的 Mate RS 保时捷款,售价一度达到 12999 元。2018 年 8 月,据市场研究机构 IDC 的报告，华为智能手机 2018 年第二季度的全球出货量达 5420 万部，相比 2017 年同期增长 40.9%，市场份额从 2017 年同期的 11% 增至 15.8%，第一次超越苹果，仅次于三星，居全球第二位，取得了又一个里程碑式的成就。

2019 年 2 月 24 日，世界首款 5G 折叠屏手机华为 Mate X 在巴塞罗那向全球发布。5G、折叠屏，这些充满未来科技梦幻的字眼，以及高达 2299 欧元（折合人民币约 17500 元）的售价，创造了手机史上的多个第一。2019 年 4 月 11 日，余承东在华为 P30 发布后接受了媒体采访，在谈到未来发展时他表示，华为市场份额每个月、每个季度都在迅速增长，虽然没有打算在本年度做到世界市场份额第一，但按照目前的增长态势，还是很有可能会做到第一。余承东表示，华为手机销量快速增长，是源于持续的技术创新研发投入、消费者口碑和满意度的提升。华为创造的技术创新优势，只有华为自己能打破，因为领先太多了。如 P20 Pro 发布时，竞争对手没有一家能达到该产品的核心参数，新发布的 P30 系列也是如此，仅快充技术，华为 P30 系列就可达到 40W 的快充，目前任何其他厂家都不能达到这个水平。

5.3 线上线下地"穿越草地"

善于向优秀者学习,是华为手机迅速增长的一个主要原因。任正非说:"我们要向小米学什么?学习营销模式。"小米公司通过建立互联网营销模式,以移动互联网营销的策略组合创造了手机发展史的"神话"。余承东也并不讳言,华为手机的营销模式是受到小米营销模式的启发,小米是华为学习的榜样,但从来都不是华为的竞争对手。

2011年,华为把小米当成榜样,一方面在产品推出方面,以低价格紧逼小米,以贴近小米的价格倒逼企业内部业务的优化与整合,同时又借势小米,提高客户的关注度;另一方面,学习小米的社区营销策略,将互联网和线下体验相结合,布局体验渠道、体验网点,采用高调、面向大众消费者的营销宣传方式,提高知名度,形成客户口碑,建立品牌形象。2011年8月16日,仅当雷军在微博上发布小米1的12小时后,余承东便在微博上发布华为荣耀手机。2012年3月18日,华为推出电子商城,是第一个在我国传统手机制造商中推出电子商城的公司。

2013年12月16日,任正非确定双品牌战略,正式把荣耀手机确立为独立运作的互联网品牌手机,主打互联网营销。任正非说:"向所有优秀的人学习,学到优秀之处才能让我们变得更强。"通过学习小米的互联网营销模式,华为将互联网营销做到极致。荣耀品牌自诞生之日起,就通过线上与京东、天猫、1号店、亚马逊、唯品会等国内大型电商平台合作,利用电商海量的用户进行网络营销,并通过分析消费需求数据,确定目标消费者,有针对性地开发设计与目标消费者需求相匹配的手机品牌。同时推出华为商城,逐步娴熟运用互联网营销的策略,构筑消费者互动平台,如"华为花粉俱乐部",包括论坛、微博、微信及华为吧、华为产品系列吧、花粉贴吧联盟等几十个贴吧,广开渠道,倾听消费者的声音。

这四年间,华为在学习小米的同时,开始补短板,扬长板,进行一系列前瞻性的战略布局,在硬件技术上拉开与小米的距离,形成差异优势。特别是在2013年至2014年,华为实现了产品领域的突破,产品开始从中端到中高端覆盖。任正非说"一部手机赚30元算什么高科技,要打造高品质、高价值的产品"。至此,华为坚决从运营商贴牌机市场退出,放弃与360合作推出特供机的机遇，集中力量和资源，进军中高端市场。华为也由此开始大踏步超越小米，形成自身的特色。

华为在挺进B2C领域的战略升级过程中，扬长不避短，虚心学习小米，实现了服务营销的战略转型，以适应全新的商业模式与互联网生态。在服务理念上，从硬件技术的"老年期"迅速转化为软件艺术的"青春期"，从技术产品的"理性成年期"迅速转化为商业服务的"感性青春期"。用技术创新所形成的产品优势，加之洞察客户需求的服务营销创新，使华为再次成功地在B2C领域实现了战略升级。自2016年以来，华为手机在国内市场销售占据榜首，但致力于深耕线下渠道的OPPO、vivo紧随华为。2017年第一季度，在三、四线城市市场占有率中，OPPO、vivo合计占27.8%，华为占12.5%。从利润率上看，华为也不及这两家公司，这与OPPO、vivo重视三、四线城市的线下渠道营销密不可分。任正非早就强调要虚心学习OPPO、vivo的营销策略，他在2017年华为消费者BG（企业业务）年度大会上的讲话中指出，低端手机具有巨大市场，OPPO、vivo正是适应了客户需求，我们要提高低端手机的门槛线，将高端机的新技术在中低端手机重复使用，将低端机做到标准化、简单化、生命周期内免维护化。任正非提出要用三年时间,将利润率赶上 OPPO、vivo,并高度评价华为消费者 BG 部门的第二次向 OPPO、vivo 学习的纪要,认为这一认识非常深刻。

华为的线上渠道成熟后,便开始向线下渗透:在国内市场,与天音通信、普天太力等分销商及苏宁、国美、迪信通等零售商建立战略合作关系;在国际市场,与全球数千家分销商、零售商建立合作关系,大力拓展公开渠道,加强零售终端建设。华为还在全球建立手机线下体验店,提升消费者的现场体验感。

5.4 高端对标的"胜利会师"

在 2017 年的年会讲话中,任正非关于要学习苹果公司强调:

一要学习苹果公司的技术创新和高利润率。任正非表示华为要腾出手来对一些核心部件的开发做出规划。过去十年间,苹果公司仅推出两三款手机,投资 50 亿美元,盈利却高达 2336 亿美元。

二要学习苹果公司对客户提供的极致体验所形成的生态黏性。国外的教育领域、银行系统、国内外先进的医疗系统……只能使用苹果设备，用其他设备每次都要转换。有了这个技术生态，销售自然就好做。也就是说，要培养用户的使用习惯来实现用户对华为系统和产品的高黏性。

三要学习苹果公司的大服务体系。任正非表示，随便找一个苹果的门店，就可发现苹果的处理方法专业且标准，和华为门店完全不一样。因此，不只是售后服务，还要建立大服务概念，也就是以消费者为中心。

除了学习苹果公司外，华为还充分利用广告宣传，开展多种促销活动，形成品牌效应，提升品牌形象。根据艾瑞咨询对手机品牌网络广告费用统计的数据，2017年7月，华为投放的广告费用达到1208万元，位居国内手机品牌广告费用第一。针对年轻人关注影视明星和体育明星的现实，华为手机根据自身不同定位，聘请文体明星代言，对热门综艺节目进行冠名赞助，如独家冠名浙江卫视的综艺节目《声音的战争》、独家赞助中国围棋甲级联赛。华为还多次获得国际广告节大奖，娴熟运用"情感营销"策略，激发不同层级消费者的共鸣，从而获得其情感认同和对华为手机的偏爱。

华为覆盖高中低端的全产品线策略，融合了线上线下的全渠道策略，再加上其对技术周期与市场周期的有效把控，以质量、技术、创新、服务综合制胜的品牌定价策略，手段多样、技巧娴熟的促销策略，构成了华为手机营销的综合策略，该策略的运用正在加速培育与引导用户的习惯。

2019年3月29日，任正非在消费者业务部军团作战誓师大会上指出，如果培育出用户使用华为产品的习惯，把这个习惯根深蒂固到人们的日常生活中，华为手机就有了生根、扎根的战略地位，到了那时，华为智慧手机引领者的地位将牢不可破！

华为向B2C的战略转型，不是对B2B的抛弃，而是一种升华、深化和拓展，将前者成功的经验融入后者，成为传承下去、生生不息的基因密码。展望华为的未来，任正非说，在一个新的起点，在全面云化、智能化、软件定义一切等发展趋势下，可信（深度信任）将成为客户愿买、敢买和政府接受华为的基本条件。"我们要把可信作为第一优先级，放在功能、特性和进度之上。除非客户信任我们的产品，否则这些优秀的特性都没有机会发挥价值。"

第6章
基于项目管理的战略营销

国际项目管理协会前主席保罗·格雷斯曾说过,当今世界,一切皆是项目,一切都可以看作项目。华为战略营销的关键性策略就是项目化营销,华为不强调个人英雄主义,强调的都是"群狼战术",建立欲望强烈、分工合理、高效运作的项目团队,开展"多专业的团队运作模式",使负责客户关系的客户线、负责技术研发的产品线、负责供应链与服务的交付线,三线目标一致,高度协同,专业而有专长,分工而有协作,在同一个方向上聚力奋战,最终达成项目成果。这样做不仅可以在第一时间洞察出潜在项目的战略机会点,还可以系统掌控项目流程和细节,并善于总结经验和教训,逐步提升项目化营销运作的娴熟度与成功率。

6.1 洞察机会：运筹帷幄

项目化营销的起点是发现、识别和确定项目机会。通常来说，项目机会点的来源因素是多样的，如来源于政府宏观政策的调整、行业环境的变化、竞争对手（友商）的战略变化等，这种项目机会来自外部，比较被动，带有偶然性。华为更注重的是主动地创造项目机会。通过洞察客户、竞争对手与自身三个维度（3C），营建长期客户关系。以研究客户需求，找准客户痛点，同时研究竞争对手，研究自身产品价值的呈现，注重搜集和分析这三方面的情报信息，才能发现项目机会，提供有价值的解决方案，制定压制竞争对手的策略。为此企业要"早介入，深解读，优方案"。

早介入是指先下手为强。客户的采购机会一般分布在三个阶段，早期客户意识到存在的问题与挑战，产生改变的需求；中期客户根据需求生成投资计划；后期客户向厂商发出投标邀请，进行谈判签约。在华为看来，如果从后期客户招标阶段再介入，战略营销的意义尽失，这时不仅对客户缺少引导力与影响力，而且将面临巨大的竞争压力，投入的成本将剧增，而成功的概率则骤减。只有在早期果断介入，营销才有战略意义。只有给客户的整体经营"把脉"，捕捉到潜在项目机会，才能达到事半功倍的效果，增大项目成功的概率。因此，早期透视，建立关系，把控住客户经营的"脉搏"至关重要，同时，也要让客户充分了解华为华为在20世纪90年代，就要求客户经理必须把企业的两份报纸《华为人报》《管理优化报》送给客户的管理层，这两份报纸既反映华为人的精神风貌，又有内部管理改进的真实呈现，将客户引入"知之深，爱之切"的状态。

深解读是指给客户综合"把脉"，解读"痛点"。撬动客户项目的关键就是"洞察与解读"客户运营的瓶颈，让客户眼前一亮，打开思路。华为在实践中积累了许多成功的案例，例如某国的电信运营商，主营固网和移动网，其基础传输网络设备大部分由朗讯提供。华为是刚刚成为该电信运营商的新伙伴，发现其运行的朗讯设备大多超过10年，技术陈旧，设施老化，维护成本高。随着几家跨国电信运营商进入该国市场，该电信运营商的竞争压力大增，决心对设备进行优化，向华为表达了请其来参与研究和优化的意愿。华为对此高度重视，调集一批专家成立项目组，将其列为公司级重点项目。经过深入交流,华为找到了客户的痛点:主要集中于老设备,效率低,无法应对用户需求;备件和维护费用高;带宽无法支撑激增的业务;原站点功能只支持语音业务,不支持未来数据等多业务发展;原网络的大量小传输设备占据了机房面积。客户经营中的这些"痛点"被华为清晰地解读了。

优方案是指给客户的方案要"应用优化"与"互动优化"。"应用优化"是指方案紧贴客户的应用场景与实际情况,用方案的经营与技术综合性打动客户。客户的决策团队往往是由采购、技术、运营与维护方面的资深专家构成的,方案要想让他们"动心",必须基于客户的核心需求,基于现实但又迈向未来,从经营、专业技术、运营与维护管理多个维度综合考虑。"互动优化"是指要与客户充分互动、充分交流,引导客户提出有效建议,并依据客户的建议完善方案。华为项目组在设备演示和测试方面做了大量工作,与上文中所提到的电信运营商的各层管理者的沟通卓有成效,使客户最终认识到华为的方案无论是在商业上,还是在技术上,都具有系统性与持续性,使客户最终选择了华为的设备。

6.2 团队协同：造就英雄

华为在创立的初期，市场营销工作面临诸多内外矛盾和困境，迫切需要英雄来破局，艰难困苦的局面也为英雄的脱颖而出准备了条件能力突出、胆大心细的个人，业绩突出的"孤胆英雄"，其潜力会被最大限度地激发。市场一旦被突破，他们就是华为营销的功臣、头狼与英雄。

1995 年，任正非在市场总部高、中级干部就职仪式上指出，市场是公司的生命线，是关系着华为生死存亡的前方阵地，在通信市场日趋白热化的激烈竞争中，只有胜利者与失败者，永远不会有第二名。失败者得不到任何的同情与怜悯，狭路相逢勇者胜，真正的热血儿女、英雄好汉要勇敢地站出来，一展身手，这个伟大的时代呼唤英雄骄子。为此，"对于从事市场工作的人员，我们会在各方面予以政策上的倾斜。公司对按业绩提成的销售人员，实行上不封顶的分配政策，希望你们都能通过自身业绩成为巨人。" 1997 年，任正非再次发表《呼唤英雄》的讲话，指出"华为将自己的目标定为向世界一流公司靠拢，而现在差距又这么大，我们更迫切地需要英雄，那种为群体奋斗的英雄，那种勇于献身、无私无畏的英雄。"

但推崇英雄、造就英雄、奖励英雄的实践发展，强化的是个人主义，忽视的是团队协作，导向的是传奇业绩，忽视的是规范和制度正如管理学大师德鲁克所说"有效管理的企业应该是平淡无奇的企业。"前期的华为，对营销英雄的迫切呼唤，恰恰反映的是一种无序和混乱。随着华为市场规模和领域的日益拓展，营销的健康发展必然走向规范和制度化，必须依靠团队协作的力量。1998年的《华为基本法》第三十二条关于营销队伍的建设强调，"我们重视培育一支高素质的、具有团队精神的销售工程师与营销管理者队伍，重视发现和培养战略营销管理人才和国际营销人才。"此条着重强调团队精神，淡化英雄主义。

在任正非看来，公司由小变大，就要由英雄创造历史，变为正规化、制度化、流程化的管理，由个人成就驱动变为责任导向，这就像一列长途驶向北京的火车，"途中有数百人扳了道岔，有数十个驾驶员接力。但不能说最后一个驾车到了北京的人就是英雄。即使需要一个人去接受鲜花，他也仅是一个代表，并不是真正的英雄。"为此，必须改革薪酬激励体系，建立团队责任结果导向的价值评价和分配体系。任正非说"如果我们的价值评价体系的导向是不正确的，就会引发行为英雄化。行为英雄化不仅仅是破坏了公司的流程，严重的还会导致公司最终分裂。"

强调英雄主义与团队协同，其实两者并不矛盾，英雄主义精神体现了个人的奉献与特长表现，侧重于微观的进取性，团队协同思维体现了集体团结与和谐共赢，侧重于宏观协调性。对于中高层管理者来说，要强化团队责任和管理，而对于基层员工和干部，要强调个人努力和贡献，强化英雄。任正非指出，"不当英雄，你也无法通向中高级管理者，谁会选拔你呢？对基层干部我们的原则是呕心沥血，身体力行，事必躬亲，坚决执行，严格管理，有效监控，诚信服务。与高级干部的标准反过来，形成一个对立统一的悖论。"

由此，华为营销管理在队伍建设上，形成既要呼唤英雄，又要强调团队协同，更要处理好两者的比例与平衡的风格。在 2018 年华为发布的《华为公司人力资源管理纲要 2.0 总纲（公开讨论稿）》中，这一营销管理智慧被凝练为一句话，华为鼓励集体奋斗中的"个人英雄主义"，强调个人成功的评价首先是基于对部门及公司集体的贡献，其次才是基于个人的表现，要实事求是，紧贴实际，做好鼓励集体奋斗与鼓励个人英雄主义间的激励导向取舍。

6.3　高效三角：犄角支撑

市场如战场，瞬息万变，营销项目在运行上会需要不同业务单元进行协作，也会出现多种意外情况需要及时处置，这就要求组建"多专业、高协同、超授权"的项目团队。

多专业是指华为的项目营销强调多部门、多专业的配合。华为的项目运营团队，以由客户经理、技术专家、交付专家构成的"铁三角"为核心，根据需要还可能涉及多个领域，进入项目团队，变成四角、五角。客户经理负责营建客户关系，发现战略机会点，确认客户需求。按照任正非的要求，客户经理要会做生意，加强营销四要素（客户关系、解决方案、融资和回款条件、交付）的综合能力。技术专家要一专多能，对自己不熟悉的专业领域要打通求助的渠道，提供解决方案。交付专家要具备能与客户沟通清楚工程与服务的解决方案的能力，同时对后台能力和交付流程的各个环节了如指掌，最终实现端到端的高效交付。

高协同是指围绕着项目成功必须处理好"关键人"强度与"相关人"广度。这里的关键人可能是关键决策者或关键部门,"相关人"是指决策的影响者或相关部门。华为在项目实战中也曾屡屡受挫,得到惨痛的教训。例如,某国 W 电信公司(客户)邀请华为与本公司的数据通信产品部进行方案交流,研讨未来网络的规划与设计,以及业务如何承载,华为产品部的二位专家欣喜若狂,与客户数据通信产品部的专家沟通得非常顺畅,提出的解决方案得到了 W 电信公司产品部的高度认可。华为的二位专家以为大功告成了,但他们忽视了客户内部权力斗争的复杂性,没有推动客户线做"相关人"(或部门)的关系攻关,也没有请华为技术支持部、计划部、运维部做相应的支持配合工作。结果在方案日臻完善、W 电信公司产品部表示满意时,却因 W 电信公司运维部门对华为产品的误解而失败。这充分说明项目化营销无法单凭完善的解决方案和技术突破来赢得成功,必须发挥项目团队多专业、高协同的配合能力,才能既突破客户"关键人"(或部门),又能兼顾到"相关人"(或部门)。这一失败案例,再次说明了项目团队协同与默契的重要性。

超授权是指一线人员具有超出他们职位的决策权。项目化营销的关键是时效性,如果一线营销人员没有相应的决策权限，就只能成为后方的"传声筒"。任正非提出"让听得见炮火的人做决策"的理念和要求，一方面让一线人员拥有更多的决策权，有责、有权，以应对市场一线的千变万化，后方配备的先进设备、优质资源，应该在前线一发现目标和机会时就能及时"发射"与"精准制导"。另一方面，积极推动管理理念和方式的变革，即IBM顾问提供的关于项目管理的三个授权文件，使后方平台成为服务前方的钥匙。任正非强调，项目管理是连、排干部走向将军的必修课。各级干部要像考托福一样，不计考试的次数，用业余时间通过项目管理的考试，逐级考下去，直到科级以上干部全部为合格者通不过考试的干部，要免除职务。华为通过提升管理人员在项目管理方面的知识和能力，建立共同的理念和项目管理模式，深入开展项目化运作。

6.4　体系构建：流程贯通

华为构建的项目化营销体制，包括"全流程、钻细节、慎总结"三个关键词。

全流程是指华为的项目化营销运作强调"端到端"的全

流程打通。"端到端"打通简单地说,就是从客户开始到客户结束贯穿全流程,即在项目前端从客户处获取需求信息,到后端项目竣工并收款,经历项目立项、投标竞标、合同谈判签订、生产制造、发货安装、调试运行、维护服务、项目总结等多个环节。每个环节和阶段都会牵一发而动全身,任何一个阶段的失误都可能对项目造成不可挽回的损失。事实证明,导致项目失败的往往是一个要素,甚至是一个微不足道的细节失误,这就要求项目的第一负责人要有一定的项目经验,具备项目的统筹能力与全局思考观念,通过把控每一天、二天、三天或每周的时间节点,关注与把控项目的全流程、全要素。

钻细节是指华为项目化营销强调把控项目的每个细节,细节往往成为项目的转折点。例如在项目投标的环节,最熟悉不过的莫过于标书的制作,华为在这方面积累了非常丰富的经验,但在某国P运营商的一次招标中,华为花费两个多月制作的内容完整准确、形式精美的标书,却没有得到客户的好评。项目组立即分析原因,发现自身的标书过于"被动",属于客户问什么就答什么的简单方式,对于客户提出的问题,仅有"满足""部分满足""不满足"三种回答方式,没有做出"主动、积极、详尽"的应对式回答,没有对客户关注的问题做技术、商务与运营的延伸回答。华为项目组及时汲取教训，修改标书，对于标书的重点条款，在回答"满足"的基础上，附加后续技术与运营升级发展的条款；对于"部分满足"的部分，提出完整的综合方案建议条款；对于"不满足"的部分，说明技术与商务偏离的理由，并在关键文件之后以附件形式详细说明，同时提供丰富的支撑和证明材料。这就为后来的顺利中标奠定了坚实的基础。这一案例再次说明"魔鬼藏在细节中，幸运也在细节中"，钻研并把控细节是项目成功的关键。

慎总结是指华为项目化营销强调阶段性的反思与总结复盘，尤其是针对失败的案例，所以有人说，华为犯错快，但改正错误更快。当一个成功的项目完成后，很多企业的通常做法都是庆功；但当一个项目失败后，很多企业则是寻找下一个项目。他们忘掉了一个事实，失败经验的价值往往比成功经验更大，失败项目的收尾总结和分享工作恰恰是至关重要的，只有这样才能将宝贵的经验与教训固化下来，在团队中分享，并成为企业传承的宝贵财富。华为在项目收尾时，都会做好项目总结，没有项目总结的项目不能关闭。项目总结坚持"三讲三不讲"，要讲问题，不讲成绩；要讲主观，不讲客观；要讲自己，不讲别人，按此标准来评价项目总结。

为保证项目营销能力的持续进步，就要把项目总结的经验进行萃取、分享，实现项目营销能力的迭代。为此，华为建立了一个名为任务大厦的工具箱，即把完整的营销项目，按流程和业务单元切割细分为一个一个的业务活动模块，如按照项目机会管理、客户关系、解决方案、商务、交付等建立相对标准化的操作流程并提出要求，这样处于不同项目流程和环节上的项目成员，就可以对照自己的需求，选择与自己当下从事的项目任务相关的活动模块，把成功的经验运用于新的营销项目实践，并结合新的情况和特点，不断优化和完善，从而促进整个组织项目营销能力的持续提升。

综上所述，华为项目化营销是华为营销的关键支撑点之一，无论从策略、模式还是从体制上，都体现出华为战略营销的神韵，彰显出华为的核心价值观与经营理念——以客户为中心、持续创造价值，项目化营销则是这一理念在市场一线操作中的生动体现。

华为战略营销笔记

中篇

战略营销夯实组织体系

华为清楚要在市场上实现持续有效的增长，形成规模优势，则必须建立体系、机制与流程，发挥管理的手段，进行布局、规划、实施与调整，必须建立组织架构、流程与 IT 支撑的管理体系，建立公平、公正的价值评价体系与价值分配体系。本篇从渠道规划、组织构建与数据流程三个角度，进一步诠释华为提升市场管理能力与夯实组织体系的具体策略与实践。

Chapter Seven 07

第 7 章
渠道模式升级的体系构建

在华为二十多年的发展中,市场渠道的布局与拓展始终包含着战略意图与梦想。从我国东北与西北的农村市场到我国中部市场,从我国沿海市场到全球亚非拉市场,从全球发展中国家/地区市场到欧美发达国家/地区市场,华为的渠道从直销逐渐演变成"直销+分销",最终发展成为整个产业的生态营销,这期间走过了一个漫长与艰苦的探索之路。从生存到发展,华为始终将为客户创造价值、帮助客户成功放在首要位置,通过自身管理能力的提升,持续促进产研销经营能力的提升。这反过来也使华为在渠道拓展上不断加大了纵向的深耕与横向的扩张,最终建立起立体化的渠道结构,与全球各地的运营商成为最广泛的同盟军,逐渐在全球170多个国家中培育出大量客户,最终形成ICT行业高端品牌的整体形象。

自 2019 年以来，华为被迫启动"备胎"芯片，宣布即将推出拥有自主产权的操作系统——鸿蒙。同年，国内 5G 商用牌照正式发放，这标志着我国 5G 商用时代提速。正有越来越多的国家/地区的公司，根据自身利益和长期与华为合作的经验，做出独立自主的决断。得道者多助，让朋友遍天下，这是华为三十多年持续技术创新带来的自信，更是其深耕营销渠道体系建设，从直销、分销，发展和壮大合作伙伴结出的硕果。

7.1 低端发轫：农村包围城市

华为是做通信产品直销起步的。通信行业的特点是客户数量有限，客户一般采用招标方式直接采购，这就决定了华为必须采取直销模式。在华为创立之初，国内的通信市场已经被国际通信巨头所占据，竞争激烈，业内称为"七国八制"，即我国的固定电话网用的全是国外进口设备，来自七个国家的八种制式机型，分别是：美国的朗讯、加拿大的北电、德国的西门子、瑞典的爱立信、比利时的 BTM、法国的阿尔卡特、日本的 NEC 和富士通。

当时虽然竞争激烈，但我国市场有巨大的通信需求，电话线路异常紧张。华为从我国香港一家公司获得在内地市场的经销权，代理销售当时称为"小总机"的用户交换机（PABX），这种交换机可以使多用户共用外线，这就提高了线路的使用效率，在一定程度上缓解了通信的紧张状况。由此，华为"踏入了高深莫测的通信行业"，获得了第一桶金。看到通信行业巨大的利润回报后，华为汇聚了最初的通信专业技术团队，初步了解通信市场的特点，构建了最初的市场关系。

通过最初的代销，华为技术团队很快掌握了用户交换机（PABX）的技术，开始研发自主品牌的产品。1990 年，华为研发出面向酒店和小企业的 PBX（用户交换机）技术，成功投放市场。1992 年，华为自主研发出市场更大、容量更高的运营商级产品，即局用程控数字交换机和设备。1994 年，华为自主研发出能够应用于国家级网络的万门机 C&C08。但与当时我国很多民营企业一样，华为同样缺乏市场知名度和认可度，没有政府背景，同时还面临着受政策方面的限制。根据当时的政策，为了便于维护，一张网最多只能使用两种机型，所以各省市所用网络的机型已经固定，主要是从日本进口的 F150 机型和上海贝尔提供的 S08 机型，华为虽然研制出先进的C&C08机型，但已无法进入省市级网络。

任正非看到，在通信企业巨头把持的国内通信市场，县级和乡镇级市场是空白的，那里线路条件差，利润微薄，被通信企业巨头忽视或他们没有精力开拓，这恰恰是华为生存和发展的空间和机会。华为要想生存下来，并能占有一席之地，必须到农村去建立根据地，培育和形成品牌优势，采取"农村包围城市"的营销策略。华为下派绝大多数营销人员到县级、乡镇市场，每位营销人员承包固定区域，每天到当地电信部门报到，宣传华为产品，帮助其解决通信技术上的难题，与基层电信部门建立起密切关系。华为鼓动基层电信部门的领导试一试华为的机型，等到效果明显、性能稳定了，用事实和数据由基层向上级请示增加一种机型。

终于，华为取得了C&C08机型的第一单业务，承接浙江义乌2000门机的试验局。这是因为华为的营销人员与当地主管部门建立了良好关系，使当地主管部门从200多家电话交换机生产企业中，选择了毫无知名度的民营公司华为。华为人认识到，这是华为公司展示自己技术和服务的机会，也是公司能否生存下去的希望。负责此项目的华为员工带着公司领导的重托和全体华为人的期待，赶赴义乌，吃住在机房内，直到调试成功，用了整整4个月的时间，顺利完成了华为发展史上第一个数字机试验局。

初战告捷意义重大,不仅宣告了国产设备能够取代昂贵设备,而且增强了华为人开拓农村市场的信心,证明这条道路是正确的,要坚定不移地走下去。因为初战的胜利没有在多大程度上改变华为的市场影响力,电信主管部门长期形成的相信进口设备的思维惯性并不可能一下子改变,所以华为员工在开拓市场时仍会遇到许多误解和冷遇。

任正非曾举过两个例子,说明华为员工在开拓市场时遇到的艰辛。某年寒冬,华为一名博士员工到首都机场接客户,因客户乘坐的飞机晚点,该员工在刺骨寒风中站了4个多小时,终于等到该客户。但该客户得知接站的人员不是AT&T(美国电话电报公司)的员工时,扭头就走了。还有一次,华为一位高管赶到沈阳去见一位客户,赶到时,该客户正在一家宾馆与爱立信洽谈。这位高管顾不上喝一口水,在宾馆大厅里等候,由于不知道客户什么时间谈完,就顾不上吃饭一直守在大厅里,直到深夜一点多,这位客户才结束洽谈,华为的高管立即上前问候,但这位客户只扔下一句"没有时间"就走了。

AT&T于1877年创立,是美国最大的本地和长途电话公司,旗下有著名的从事通信设备开发制造的朗讯科技公司;

爱立信是世界最大的移动系统供应商，总部位于瑞典首都斯德哥尔摩，于1876年创立，能够为世界所有主要移动通信标准提供设备和服务，全球40%的移动呼叫是通过爱立信的系统进行。这些国际通信业的巨头垄断着国内的通信市场，华为人要想从中撕开一道口子，其艰难可想而知。吃多了闭门羹，华为人就认识到，要打开市场，顾面子是绝对不行的，必须"不要脸"。任正非说："面子是无能者维护自己的盾牌。优秀的华为儿女，追求的是真理，而不是面子。只有不要脸的人，才会成为成功的人。"

任正非所说的"不要脸"，是要沉得下身子，舍得掉脸面，要以坚韧的意志和锲而不舍的精神去"黏"住客户，赢得客户才是硬道理。诚心感动客户，努力终有收获。一次，华为与另两家公司的营销人员到同一单位拜访客户，客户有事不在办公室，等了两个小时后，一家公司的营销人员离开了，又等了四个小时，另一家公司的营销人员也离开了，客户回来时，发现只有华为的营销人员还在等候，于是对华为留下了深刻的印象。

1994年，任正非曾问营销部门负责人一年能跑多少个县。负责人回复500个左右。任正非说，那我就按500个县定指标，你们去跑。随后，在一年时间内，营销部门十几个人员，开着公司分配的车，奔向各地的县邮电部门，平均每名员工跑了四五十个县，整理了几尺厚的客户资料，为成功打入当地市场奠定了有力的基础。

曾担任华为公司福建办事处主任的张建国回忆说，他在1992年被派到福建时，福建的通信市场已经被其他通信设备占领。全国第一台进口程控电话交换机就是在福建安装的，福建安装程控交换机的地方，都装的是日本进口的F150机型和上海贝尔公司的S08机型。日本的机型性能稳定，但机型陈旧，功能落后，缺乏很多新功能，技术服务和升级难。张建国用三年时间，天天开着吉普车到福建各个县城和乡镇拜访客户，了解信息，宣传推广华为设备。三年下来，他可以随手画出福建省各县的地区地图，对福建各地的通信设备情况了如指掌。他发现福建泉州所用的都是清一色日本进口的F150机型，已经使用了多年，迫切需要做技术升级，但当地与日本厂商多次联系，协商一年多，厂商也没来人。华为乘虚而入，推广新开发的C&C08机型，展示其新功能多、升级方便、维护和服务好等优势，最终，泉州市全部换上了华为的通信设备，华为成功打开了福建的市场。

华为人以物美价廉的产品、快速响应与无微不至的真诚服务、对客户需求的高效满足、华为员工的人海战术（集中兵力），使基层电信部门逐渐认可了华为品牌，进而大范围采购华为的产品，使其在农村建立了稳固的根据地。

到农村不是目的，是为了在夹缝中积累经验和实力，创造品牌，是为了最终包围城市。在农村站稳脚跟后，华为逐渐渗透和攻下市级、省级、国家级的通信骨干网。1995年，华为成为国家级通信网的主要供应商，形成了覆盖全国的市场体系，华为的客户经理和技术人员忙碌在各个运营商的相关部门，成功实现了"农村包围城市"的品牌扩张。

7.2 横向扩张：战略征战全球

还是在1995年，华为人认识到，随着国内通信市场的饱和，华为的出路必须是走出国门，坚定地走国际化道路，其雄心壮志是在国际通信行业三分天下有其一。而此时，华为能够与国际通信巨头水平相匹配的产品，只有程控交换机，还没有形成成熟而完整的产品线，并且欧美市场的"肥肉"，早已被这些巨头占据，面临短期难以逾越的市场准入技术壁垒，留给华为的只能是非洲、亚太、拉美地区等发展中国家/地区的通信市场。在走向国际市场之际，华为人认真分析了这些市场，认为太穷的国家/地区由于缺乏支付能力，赚不到钱，不行；太富的国家/地区也不行，因为他们会选择欧美国家/地区的通信产品，不会选择华为的产品。只有未来有发展潜力的国家/地区才有可能选择华为的产品。

1996年3月，华为成功获取和记电信项目，金额高达3600万美元，这是华为获得的第一份来自境外的合同，也是华为自成立以来接到的最大的订单，这坚定了任正非拓展境外市场的决心和信心。当月即决定成立专门的境外市场部，与境内市场部平行，由此，华为开启了艰难的拓展境外市场之路。

从1996年到2000年，华为高管随国家领导人出访，考察境外市场，做深入细致的市场调研，搜集市场和技术信息，掌握目标国家/地区的技术标准、入网测试程序、市场准入的资格条件、运营商的情况、采购的方式等信息。回来后，组织专家进行研究，确定进入的战略规划。

1996年7月，华为获得了到埃塞俄比亚竞标的机会，虽然准备充分，但结果却以失败告终。这次不成功的竞标使华为认识到，不能单纯地追逐项目，而应该移植国内的成功经验，在境外市场建立根据地，进行市场的深耕细作，精心培育，从而实现拓展境外市场渠道方式的重大转变。

华为的国际化道路是跟随我国外交战略路线走的。华为人认为，要让国外企业客户接受华为，先得让他们认识我国。华为开辟"东方新丝绸之路"，把外国运营商请到我国参观，增强对方的感性认识，让对方切身体会"这是中国，这是中国的华为"。20世纪90年代，随着中俄友好关系的深入发展，华为在俄罗斯设立了第一个海外代表处，派遣市场营销人员进行市场开拓。

现任华为公司副董事长、轮值首席执行官的徐直军参与了当时华为对俄罗斯市场的开拓。他在1996年被派往俄罗斯，在刚开始的两周根本见不到客户，好不容易见到了俄罗斯软件部门的负责人，没想到对方第一句就是："俄罗斯根本不会用任何新的交换机，所以不可能和华为合作。"这样直接拒绝的态度并没有让徐直军放弃，他把带来的交换机的两块电路板和自己设计的芯片，拿出来放到对方面前，用事实证明华为的技术水平。对方这才看到华为的技术水平十分领先，引起了俄罗斯人的兴趣。听完了徐直军的介绍，对方记住了华为，华为也最终将自己的产品卖到了俄罗斯。

巴西是南美洲新兴的经济体，1997年8月，任正非派遣市场营销团队开拓巴西市场，筹建代表处，这是后来华为拉美地区部的前身,巴西市场成为华为在拉丁美洲创建的第一个市场。

1998年,华为在阿尔及利亚设立北非地区部,这是后来华为中东北非地区部的前身。2000年,华为拓展了东南亚市场后,开始向欧美发达国家市场进军。

当时的欧洲人对我国人的了解,基本上来自一些电影中的形象,如《红高粱》《大红灯笼高高挂》《末代皇帝》等,他们认为我国人还留着一根人辫子,吃不饱饭。总之是落后的形象,怎么可能造出先进的产品。

对此,华为的做法是请进来,请他们参观中国、参观华为,以及办展会,自己印制《华为在中国》《华为在全球》等精美画册,让他们通过生动的画册来了解中国、认识华为。举办展会也是华为扩大影响进行营销的重要手段,仅2002年我国香港展会上,华为就邀请了1500多位客户前来考察。

2001年,华为海外合同销售额突破3亿美元,增强了华为坚定走向国际化的决心。2005年,华为海外合同销售额占总销售额的58%,超过了国内合同销售额。英国电信宣布华为入选其21世纪网络供应商名单,是入选的唯一的中国厂商,也是同时在两个领域入选的两家供应商之一,这标志着华为海外市场布局的成功。

2006年,华为开始大规模突破国际高端市场,获得沃达丰、甲骨文、西班牙电信、希腊电信、意大利电信、荷兰皇家电信等多家运营商的订单。2008年以后,华为的海外销售额占到总销售额的70%以上。2018年,华为全年实现销售收入人民币7 212.02亿元,其中海外市场的收入占到79.9%。

华为在境内外市场,以建立根据地的方式,建立直销渠道,其获益是多方面的:

一是站稳了脚跟,为解决生存这个根本问题奠定了基础。

二是积累了实力,企业要想向上快速生长,首先必须向下持续培育根系。

三是创立了品牌,紧跟市场需求和技术变化趋势,以优质服务赢得客户口碑。

四是锻炼了队伍,在市场搏击中,铸就了一支敢打硬仗、能攻善拼的铁军队伍。

五是塑造了文化,形成以客户为中心,以奋斗为本、不懈进取的企业价值观。

六是积累了经验,企业要成长,必须要走研发技术,有自己的品牌,要满足客户需求,采取正确的营销策略,寻找薄弱环节,建立稳固的根据地,集中优势力量,锲而不舍,以团队协作制胜。

7.3 立体构建：直销分销融合

1998年10月，华为渠道拓展部成立，这标志着华为分销渠道体系开始建立，华为把渠道建立作为第一目标，从单纯直销向直销+分销形式的转变。事实证明，如果华为在1998年仍旧采用直销模式，销售业绩肯定比分销模式要好，但华为之所以适时建立分销渠道体系是基于以下两个方面的考虑：

一方面是客观形势使然，是公司业务规模扩大的必然要求。随着华为不断发展壮大，开疆拓土，市场范围覆盖全国，以及启动了向境外市场进军的步伐，华为如果只是采用单纯的直销渠道，就会对自己的人力、资金、物流、服务等造成巨大压力，而新技术和新产品的不断涌现，自身的产品线不断延伸，业务完全由自己做是不现实的，也不是长久之计。华为如果要做全面的产品供应商，就要走分销之路。

另一方面是主动选择的结果，是华为人的理性判断和战略抉择。在华为看来，分销可以构建出华为的第二条销售生命线。

华为分销渠道的建立走过了曲折的道路。当华为决心建立分销渠道体系时，却发现没有足够有实力的代理商愿意代理华为的产品。2001年，华为上下达成一致，把分销作为公司的重要战略，大力推进，计划用2~3年的时间，建成规模化、高品牌认知度的分销体系。为尽快建立分销渠道体系，解决代理商缺乏的问题，华为推出一系列优惠措施，鼓励内部员工创业，成为代理商，代理销售华为的数据通信产品。曾是华为最年轻副总裁的李一男响应公司号召，离开华为，创立港湾网络，与另一家分销商和光一起成为华为最早的两家最大分销商，获得华为"金牌总代理"的地位。

华为视港湾网络为战友关系，把产品交给他们销售，并给予培训和服务，港湾网络负责拓展市场、发展客户、实施工程、售后服务，同时培育和发展出下级代理商。双方一开始合作良好，但很快，港湾网络不满足于年代理销售几亿元的华为产品，在风险投资基金的推动下，开始大量吸纳华为骨干人才，进行产品研发，推出自有品牌产品，迅速扩展市场份额。港湾网络推出的自身品牌产品与华为的3G高度同质，严重威胁着华为的生存，而市场和客户也对华为产生误解，认为"华为只做直销不做分销、港湾网络就等同于华为",使得华为研发出来的大量产品出现积压,无法销售。这使得2002年的华为面临一场浩劫,经历了成立以来最痛苦的一年,出现了唯一的业绩负增长。对此华为很快进行了渠道调整,利用自身优势细分客户群,最终又把港湾网络收购回来,克服了这次巨大的渠道危机。

7.4 结成同盟:创建统一战线

任正非多次强调,华为不能做独行侠,不能做西楚霸王,要朋友遍天下,让利于合作伙伴。为此,只有通过分销渠道的建立,培育和发展大量的合作伙伴,促进共同发展,形成同盟军,结成利益共同体,华为才有持久的生命力。

华为迅猛发展的国际化步伐,使全球最大的网络设备制造商思科公司感到了威胁。2003年1月,思科公司向美国一家地方法院起诉华为侵犯其知识产权,思科称这是该公司成立17年来首次主动起诉另一家公司,华为则称这是公司成立15年来首次被起诉,业内称为"IT第一案"。面对这场世纪诉讼,华为积极应对,聘请美国最有经验的著名律师,并且与思科公司的竞争对手，另一家美国著名的数据通信厂商 3COM 公司合资，在杭州组建华为 3COM，宣布在企业网络设备领域开展合作。3COM 前首席执行官以业界专家身份出庭为华为作证。2004 年 7 月，华为、思科和 3COM 向美国地方法院提出终止诉讼的申请，被法官批准，这场知识产权纠纷案以和解告终。

这场诉讼使华为人认识到，孤军作战，必使自己四面受敌，而自身的快速发展也必然会冲击原有的市场利益主体。为最大限度地化解矛盾，减少冲突造成的不利影响，必须以真诚合作的态度，培育同盟军，与合作伙伴形成合作共赢的持久利益共同体关系。经过多年的努力，华为通过多种方式发展合作伙伴，如在境外建立代表处或事业部，发展当地代理商，培育大分销商；设立研发中心，与当地大企业联合建立实验室；与世界级著名企业合资建厂，实现生产本土化。

在分销渠道体系的管理上，保证渠道代理商的利益，建立奖励机制，实施有效的渠道管理控制。华为会根据合作伙伴的贡献，给予其不同的授权认证级别，如金牌认证级别、银牌认证级别等，不同认证级别有不同的权限，如获得项目授权、运作支持的优先权、培训权、不同的返点奖励等。华为规定，高级分销商是全国或区域性的供货中心，从华为公司进货，不允许向未经授权的经销商和最终用户供货；金、银牌认证经销商从高级分销商处进货，向行业用户供货，不能向其他渠道供货。这些明确具体的规定，界定了各渠道和各级经销商的经营范围，不允许越过范围和权限行事，以有效的控制措施建立的规范有序的立体分销渠道体系，既实现了华为公司的利益，又保障了各级合作伙伴的利益。

华为建立分销渠道的历程，可谓九死一生。正如任正非所说，烧不死的鸟是凤凰。历经磨难的华为终于浴火重生，建立了自己的分销渠道体系，培育出大批同盟军，铸就了华为的第二条销售生命线，其启示有三点：

一是自身要不断发展壮大，要有硬实力。对于华为而言，华为的硬实力就是不断强大的技术研发力量和产品创新体系，自身强才是真的强，才能经得起挫折和磨难，这是赢得同盟军的前提条件。

二是与同盟军建立相互的诚信关系。华为以真诚合作的态度对待分销渠道的合作伙伴，让利于合作伙伴，不让直销渠道冲击分销渠道；同时也不断重新梳理和选择有诚信的合作伙伴。经过考验的、具有相互信任关系的合作伙伴，才是战略性合作伙伴。

三是要妥善处理渠道冲突。选择新的渠道必然面临渠道利益冲突,要善于控制和协作。对于知识产权,要增强对自身知识产权的保护,也要尊重对方的知识产权。

7.5 高端演绎:智慧营造品牌

华为在第一个十年时就确定了自己未来的战略梦想,要成为行业的领导者。这不仅仅体现在规模上,还体现在整条产业链的演进中成为技术与商业模式的引领者。正是基于这一高远的使命,企业才得以确立以客户为中心的核心价值观,为了持续地实现客户利益的最大化,华为就必须站在产业发展的最前端与最高端,用促进人类文明与社会发展的精神去引导与激励员工,引导社会对华为的认同。

1996年3月,任正非邀请中国人民大学的六位教授彭剑锋、包政、黄卫伟、吴春波、杨杜、孙健敏组成小组起草了《华为基本法》,成为我国企业界传递公司文化理念、价值观的典范。《华为基本法》成了华为的一个象征及引领其成功的"圣经"。2018年3月20日,任正非签发了《华为公司人力资源管理纲要2.0总纲》,为人们全面认识华为提供了最新的文本依据。媒体经常发布任正非的一些文章，传递着华为高层的价值观理念。2019年年初，为了让世界认识真实的、整体的华为，任正非一改过往的低调姿态，罕见地多次接受境内外媒体的专访，讲述华为故事，传递华为的理念和追求。

华为的三张广告图片也透露出其价值观的高定位，第一张为中国科学院院士李小文衣着简朴、光脚穿布鞋的照片，传递着华为"板凳要坐十年冷"的不懈追求；第二张是美国摄影艺术家亨利·路特威勒的著名作品《芭蕾脚》，倡导"苦难点亮未来，痛并快乐着"的华为奋斗精神；第三张为著名短跑女运动员乔伊娜的照片，虽然她比第二名就快0.01秒，但为了0.01秒的领先，也需要付出巨大的代价，用来说明"差一点都不行"，要做世界级的伟大企业，必须具有不懈的进取精神。

从2016年年底到2017年第一季度，任正非在短短半年时间内，先后拜访了贵州、江苏、四川、陕西、山西、广东、浙江、湖北八个省的省委书记和省长，并分别签署了战略框架合作协议。华为与江苏省将组织实施20多个合作项目，发挥自身在大数据、云计算、物联网、智慧城市等方面的技术优势和全球经验，助力江苏省加快智慧强省的建设和经济的转型升级；在山西省，华为也将就信息化、云计算、大数据、物联网、智能制造、智慧城市等方面的发展进行合作；在浙江省，华为投资建设"华为全球培训中心"，每年可为来自全球 170 多个国家/地区的高端人才提供培训服务，并把华为杭州研究所打造成全球计算研发中心，利用华为芯片、网络等技术，打造浙江省企业物联网共享平台；在湖北省，华为将加大研发投入力度，加大信息化人才培养、云计算、大数据应用等领域的合作……

华为在与各省的战略框架合作协议中，共性地都将云计算、大数据、智慧城市列为建设领域开展合作。这表明，华为正在我国政务云高端市场进行战略布局，与多个省份、多个城市逐步形成战略合作，构建覆盖全国各省市的政务云服务网络。在 2017 年华为中国生态伙伴大会上，华为轮值首席执行官徐直军透露，华为将成立专门负责公有云的 Cloud BU，加大在政务云服务领域的发力。

华为作为通信设备的供应商，客户往往是较大型机构或组织，较大金额的采购也让客户非常慎重，经常是论证的周期长与决策的人数多。为了让采购组织的高管与关键人员整体建立信心，华为在树立公司整体形象上以战略格局高开高打，注重营造公司整体的高端形象，如建立展览会的高端场景，营造专业性论坛的高端氛围。华为坚持用请进来的策略，全球各办事处每季、每年都要定量邀请客户到华为参观，并列入工作考核。华为不惜投入巨资建设产品展示与体验中心，以高要求规范接待流程，很多高端客户的高管在参观后，留下了深刻印象，无形中建立了对华为的高度认可与高度信任。

华为认为行业内外的大型展览会往往具有战略影响力与传播力，所以持续投入，并重视高品质与高创意策划，将会展营销策略演绎到一个很高的水平。华为高频次参与国际顶级的展览会，其展出场面宏大新颖、场景细节别致，在会上展示自己最先进的技术和产品，并且讲解专业，个性化特点非常突出，把新产品的展示上升为艺术欣赏，给参观者产生视觉上的冲击，留下了具有震撼力的印象。在会展期间，华为还会举行现场新闻发布会，邀请嘉宾参加答谢晚宴，与客户深度沟通，这极大地增进了华为与客户的密切关系。

一位负责开拓境外市场的华为员工曾说："很多时候，我们的困难不是如何推销我们的产品，而是我们根本见不到客户。"

华为员工发现，境外公司的通行做法是进行通信展。2011年，华为第一次参加全球规模最大的ICT科技展会，这个展会每年在德国汉诺威展览中心隆重举行，世界各大通信设备制造商都非常重视这个展会。华为的展区被安排在13号馆，紧挨着一家网卡公司。负责参展的华为市场总监发现，汉诺威展览中心有20多个场馆，沿着主干道依次排开的是2~11号馆，最显眼的是2号馆，而华为所在的13号馆偏离主干道，远离中心场馆，区域面积小，很难引起关注，且展馆编号13号在西方文化中也是忌讳的数字，还紧挨着网络区域。这一切都显示着华为在当时欧洲市场的地位，以及欧洲通信领域对华为公司的认识。

经过三年的努力，到2014年展会时，华为被安排到了2号馆，一位友商告诉华为员工说，"你知道你现在站在什么位置吗？这是2号馆。"华为人认识到，只有被认可，才有地位。2015年，华为第五次参加这个展会时，在核心区的2号馆，全面展示了自己的实力展台面积很大，华为邀请了1200多位客户，以及35家合作伙伴集体亮相，展现自己的开放与合作的态度，还精心制作了展台信息图，鲜明地突出了自己的品牌优势。

一些多次参与华为展览会的华为员工深有感触，他们感到，华为的展览会都会精心准备，突出特色和亮点，在与国际巨头的展台比较中，规模通常更大，布置得更细致，展出的产品和技术更先进。使很多根本不了解华为的客户，通过参观华为的展台，产生视觉上的震撼，进而开始关注和深入了解华为的产品和技术。

华为2015年展览会的总负责人何达炳说："这一次我们也加强了互动体验，让客户不仅看到、还能摸到，增强了体验感觉。尤其是与两支本地知名的球队达成合作，很接地气，也吸引了不少客户参与。对华为来说，展会不仅是场SHOW，更是与客户接触的极好窗口。"

2001年，华为在英国雷丁设立办事处。经过十几年的深耕，逐渐与英国一些科技公司建立长期的合作伙伴关系，并与所有英国主流电信服务提供商建立了合作关系，英国电信和沃达丰成为华为的关键战略合作伙伴。2012年，任正非在与英国时任首相卡梅伦会晤时表示，华为将加大对英国的投资，提供广泛的ICT产品和解决方案。2013年，华为在英国布里斯托建立研发中心，与英国萨里大学合作成立5G创新中心，与十几所英国大学建立了研发合作伙伴关系，共同开发前沿技术。华为还在英国推出"未来种子"项目，通过该计划选拔英国STEM（科学、技术、工程、数学）专业的大学生到我国进行为期一个月的参观和交流，帮助他们提升专业技能，为他们提供就业建议，还邀请他们参加研讨会、社交活动，以及提供就业机会等。

2016年6月13日,为庆祝华为进入英国15周年,华为在伦敦举行盛大的酒会,邀请客户、合作伙伴,以及来自政府部门和媒体的工作人员等400多位嘉宾参加。

华为英国董事会主席布朗勋爵表示:"我们希望能助力英国保持在全球数字创新领域的领先地位。同样,英国将在帮助华为发展未来技术方面起到重要作用,这些技术将改变我们沟通、工作和生活的方式。"华为常务董事、战略营销总裁徐文伟在酒会上致辞时说:"对华为在过去15年内所做的工作及一直以来为建立全连接英国所做出的努力,我们感到自豪。在接下来的15年,华为将继续与伙伴保持密切合作,提出新想法并引领创新,助力英国建立稳健的ICT生态系统。"这些成就的取得,说明华为已经在欧洲站稳了脚跟,成为欧洲诸多国家/地区的重要战略合作伙伴。

华为轮值首席执行官徐直军曾在回顾华为开拓欧美市场的经历时说:"我们在欧美市场上首要是建立品牌,通过开设实验局、投放产品广告、参加各种电信专业展览会和电信论坛、与客户进行技术交流、举办产品的欧洲巡展,甚至邀请客户参观公司等活动,增加客户对华为公司的全面了解(包括产品、技术、服务等)。"

目前,华为不仅参加相关领域的世界级展会,还积极创办、举办大型展会，全方位、密集展示华为的最新理念、技术和产品。据不完全统计，仅在2019年，华为举办和参加的国际级展会有近30场，主要展会如下：

2月25～28日，在西班牙巴塞罗那举行的"2019世界移动大会"上，华为以"构建万物互联的智能世界"为主题，通过展览展示、论坛活动、峰会发言等形式，与全球运营商客户和合作伙伴共同探讨行业发展的热点话题，助力运营商快速规模部署5G网络。

3月21～22日，华为在我国福州举行"华为中国生态伙伴大会2019"，邀请了2万多名嘉宾参会，大会以"因聚而生·智能进化"为主题，将"平台+生态"演进为"平台+AI+生态"。

4月3日，华为在我国北京举行"华为FusionServer Pro智能服务器新品发布会"，展示华为智能计算，利用智能化技术提升数据中心海量服务器的运维效率的最新成就。

4月9～12日，华为参加在法国巴黎举行的"MPLS+SDN+NFV 2019全球年会"。

4月16～18日，华为在我国深圳举行"华为全球分析师大会"，大会以构建万物互联的智能世界为主题，与来自全球的680多名行业分析师、金融分析师、行业意见领袖及媒体从业者一起，共同探讨了如何以持续创新构建万物互联的智能世界。

4月24~25日，华为在我国上海举行"华为全球金融峰会"，致力于"芯中有数，智慧金融"，携手迈向智慧金融时代。"智慧金融"以华为芯片技术为基石，辅以移动互联、IoT（物联网）、生物识别等技术，提升客户体验；以分布式数据计算为基础，打造智慧决策大脑；以云计算、SDN（软件定义网络）技术为基座，重塑支撑未来业务创新的IT架构。

5月20~23日，华为参加在法国尼斯举行的第21届NGON波分论坛及主办第6届华为光网创新大会。

5月25日，参加在我国贵阳举行的"中国国际大数据产业博览会"（简称数博会），通过全面参与数博会开幕式、高端对话、专业论坛及展览会等活动，展示了华为"构建万物互联的智能世界"的宏大愿景。

6月11日，参加"2019年全球5G极简站点论坛"。

6月24~25日，华为在我国乌镇举行"2019华为用户大会"，大会以"携手前行，共创未来"为主题，宣布将最好的5G带入现实。

6月26~28日，参加在我国上海举行的"2019世界移动大会"。

7月18~19日,华为在我国郑州举行"2019华为软件与人工智能峰会"。

8月9~11日,华为在我国东莞举行"华为开发者大会〈HDC. 2019〉"。

9月3日,华为在我国成都举行"2019华为亚太创新日"。

9月4~9日,参加欧洲最大的家电展会——柏林消费电子展IFA,华为技术终端部门的首席执行官是展会的第一位主题演讲者。

9月18日,华为在我国上海举办"2019华为全球能源峰会"。

9月18~20日,华为在我国上海举办"2019华为全联接大会"。华为基于"鲲鹏+昇腾"双引擎正式全面启航计算战略,拥抱多样性计算时代。

9月24~25日,参加在西班牙马德里举行的"5G核心网峰会"。华为展示了5G演进及5G商业机遇方面的优秀实践和前沿观点。

10月15~16日,参加在瑞士苏黎世举行的"全球移动宽带论坛",华为展示了移动互联的未来(包括5G、物联网、移动宽带产业动向)、人工智能、Cloud VR/AR、车联网、机器人。致力于将新的数字技术惠及每个人、每个家庭、每个组织,构建万物互联的智能世界。

10月14~17日,参加在荷兰阿姆斯特丹举办的"全球宽带论坛 & 千兆产业峰会"。

10月14~17日,参加在荷兰海牙举办的SDN NFV World Congress 2019,这是该领域全球规模最大、最具影响力的峰会。

11月4日,华为在法国巴黎举办"2019华为欧洲创新日"。华为与欧洲政府、企业、公共部门和学术机构的数字经济利益相关人分享在不同行业的最佳实践,聚焦全球创新和开放合作。

11月5日,华为在法国巴黎举办"华为欧洲生态大会",旨在为数字化时代建立和推动一个开放、创新和合作的ICT生态系统。

11月14~15日,华为在我国东莞举办"华为第五届智能数据中心基础设施技术峰会",华为打造的"一云两翼双引擎"的产业布局,构筑开放的产业生态,让人工智能与数据基础设施深度融合。

11月18~19日,华为在我国深圳举办"全球数据基础设施论坛",展望数字经济发展趋势与机会,推进产业政策发展,展示最新数据基础设施产品与解决方案,分享数字化转型的最新实践,汇聚行业先锋、生态伙伴、学术专家,共同驱动数据基础设施的技术创新与建设,共建生态,赋能数字经济。

11月19~21日,参加在西班牙巴塞罗那召开的"第九届全球智慧城市博览会",华为以"共创全联接智慧城市新高度"为主题参会,展示华为与合作伙伴在智慧城市领域的解决方案及成功实践。

华为举办和参加的展会都是业界顶级的,展出的产品都是最前沿的,每次都是经过精心准备的,展示出其高端演绎的娴熟技巧。营销就是让销售成为多余,华为通过一系列探索与实践,既真诚与真实地传递了华为的高远价值追求与高端的使命诉求,让客户了解到其在意识形态与精神领域的志存高远,又通过高管拜访、广告、展会、论坛等多种方式,不断传递出华为高端的整体企业形象,与客户建立起牢固的深度信任关系。"志存高远"与"智慧高端"相辅相成,相得益彰,造就了华为眼前的辉煌。

第 8 章
打造营销铁军的方法论

华为的核心竞争力是营销,而营销的核心是打造一支能征善战的铁军。在三十多年的发展中,华为采用以下四招打造出了一支营销铁军,征战四方,攻城拔寨,筑梦未来。

8.1 招聘与培训

华为招聘的主思路是招揽天下英才而用之,特点在于大规模、持续地招纳高校应届毕业生,颇有天下英才尽入华为囊中的气魄。由于华为的业务快速增长,在人才市场个别招聘的方式难以适应公司成长的需要,且在华为看来,人才市场上的营销应聘人员,难以避免带有一些营销陋习,而高校的应届毕业生,尚未接触社会,可塑性强,容易接受华为的价值观和营销理念,更容易培养成华为需要的营销人才。因此,华为在创立初期,就大量招聘重点高校的应届毕业生。1998年,华为第一次大规模招聘了800名应届毕业生,并在清华大学与中兴通讯公司上演了一场激烈的人才争夺战。此后,每年都有大批应届毕业生进入华为。2001年,华为在全国掀起一场大规模的招聘活动,放言著名高校的"工科硕士研究生全要,本科的前十名也全要",被媒体誉为"万人招聘"。2002年,在全球互联网泡沫破灭,华为业绩出现唯一负增长的情况下,华为还是招聘了600多名应届生。2019年上半年,华为招聘了6000人,员工总人数从18.8万增加到19.4万人。华为持续从高校应届毕业生中招聘人才,其中进入营销工作领域的人才,成为推动华为营销扩展的源源不断的新生力量。

华为培训的主思路是系统建立战略性人才梯队。华为的培训分为入职培训和在岗培训,任正非认为,培训是通往明天的阶梯。入职培训是把来自不同背景下的人才,打造成统一的华为人,是新员工去除充满幻想、不切实际的特点,变为具有"狼性"和务实精神的企业员工的磨砺过程。在岗培训是持续为员工增值,建立终身学习培训体系。

华为的新员工入职培训,是把"秀才"变成具有"狼性"精神的兵,主要内容有五个方面:军事训练、企业文化、车间实习、技术培训、销售实战演练,历时五个月左右,全程封闭、严格考核、末位淘汰,号称"魔鬼训练营"。军事训练为期一个月,主教官聘请中央警卫团的退役军官,训练标准按部队正规军事训练实施;企业文化培训是介绍华为的成长历程和价值观,教材选用华为发展历程中的真实故事,部门的高管包括任正非会经常前去授课,激励新员工追求卓越及团队奋斗的精神,保持旺盛的壮志和向上的欲望;车间实习要求跟着车间的师傅学习从拧螺丝钉开始到产品组装、测试的全流程,实地感受华为的业务和老员工的精气神;技术培训要掌握华为的产品和技术,是最艰苦和最难熬的,每周都要考试两三次,实行末位淘汰,成绩排在最后5%的员工,都要被淘汰。既培训新员工打硬仗的能力和精神,也增强其危机意识和竞争意识,鞭策新员工努力上进;最后三个月新员工要到市场部进行销售实战演练,分组在市区销售商品,方式不限,销售的商品是公司预定的一些生活用品。公司提供给实习员工的商品价格往往高于超市价格,可以卖高,但不能低于公司给定的价格,也不允许暴露自己是华为员工的身份,公司每天会根据销售数量和成功率考核工作绩效。经过这几个阶段的培训,新员工的"狼性"就会逐渐被激发，合格的员工会走上正式的营销之路，被派去开拓新市场。

华为的在职培训是倡导终身学习，为员工持续赋能。进入华为的新员工会被告知要终身学习，不断提升技能，才能适应 ICT 行业快速发展和公司不断成长的需求，否则个人就将被淘汰，公司也要破产。2005 年，华为成立华为大学，作为全体员工提升自身素质的摇篮。任正非要求，华为大学要教授实战技能，坚持案例式教学，发挥导师制的作用，提升受训人员的实践能力，"教会学员工作中所需要的、最真实的智慧及获得绩效的工作技能"。通过在职培训，为员工持续赋能，打造了公司通往明天的牢固阶梯。

8.2 使用与考核

华为营销体系在用人上的主思路是用能人不用完人。在华为看来，进入华为的员工，取得的博士、硕士、学士等文凭及在别的地方取得的地位只代表了过去，均应归零，一切凭实际才干定位，要用人所长，不求全责备，不拘一格地使用一切优秀人才。对于有争议和缺点的员工，只要思想、道德上没有问题，就要宽容对待，因为世界上没有完人。华为敢于大胆使用个性鲜明的能人，任正非把这些人称为"歪瓜裂枣"，因为"歪瓜裂枣"很甜，在别人看来不完美，却有突出才能，能够完成别人完成不了的任务，能够带来业绩上的重大突破。"歪瓜裂枣"绝不是"劣枣"，可能他们的想法打破了常规，超越了常人，让大部分人难以理解。公司不仅要宽容这些人的奇思妙想，还要创造让他们发挥才能的舞台，容忍他们暂时的失利，给他们以坚定的支持，对于其中业绩突出的人还要大力破格提拔重用。

华为否定用完人标准来评价员工，也反对员工追求完人标准，因为如果为追求做个完人，就会使自己身上的个性和棱角磨去，优势就会受到压抑和抹杀，成为一个普通的工具。如果每个人都把自己的优势充分发挥出来，加在一起，公司就可能成为一个具有"完人"特质的集体。华为就是把每一个有能力的人，配置到能够发挥自身优势的岗位上，做到人才与岗位的匹配，最大限度地发挥人才的价值和优势，做到量才为用，人尽其才。

华为在考核上的主思路是以价值为导向，建立公平的价值评价系统，建立公正的价值分配系统。华为在长期发展中认识到，考核是企业管理中最困难的工作之一，没有既成的固定不变的考核体系，必须在坚持基本导向的前提下，不断创新变革。华为逐步建立了基于责任结果导向的KPI（关键绩效指标）考核体系。任正非说："多年来，华为秉承'不让雷锋吃亏'的理念，建立了一套基本合理的评价机制，并基于评价给予激励回报"。任正非认为，考核评价在理念上，要有利于贯彻企业的核心价值观，即体现以客户为中心，以满足用户需求为导向，也要体现以奋斗者为本，在内部形成一种长期共同奋斗的精神。如果考核指标设置得不合理，则会弱化客户需求导向，弱化内部的共同奋斗精神，形成内耗，制约团队奋斗的文化。因此，考核应是以当责和当责的结果为依据，来减少考核的过程行为，防止过度考核、形式化的考核，要瞄准结果设置KPI，要简化不要复杂化KPI，通过简化的KPI强化责任结果导向，引导所有人的奋斗目标清晰化。

华为坚持差异化考核，分级分类实现差异化绩效考核，不搞一刀切，避免考绩绝对化。考核关键指标从有实践经验、有责任心、有技能且本职工作做得优秀这几个方面设置。对于基层员工，既要重视绩效结果，也要重视他们的意志力、毅力。只要努力奋斗，即使一时成绩不佳，也要宽容鼓励，不随意否定一个冲锋陷阵的员工。不是只有获取合同、取得绩效才是"上甘岭"，只要他们适合攻打"上甘岭"，就要客观全面地评价和对待,这样才能促使千军万马上战场,避免挫伤一线员工的积极性。对于中高级干部的考核要重视组织能力和协调能力,学会激活整个组织。对于高级领导,要考核他们的方向感和节奏把控能力。华为坚持从四个方面考核评价各级管理者,一是有没有敬业精神,对工作是否认真,是否持续改进;二是有没有献身精神,对工作是否斤斤计较,如果斤斤计较,就会体现出自私,缺乏献身奉献精神,不可能是一位好管理者;三是有没有责任心;四是有没有使命感。华为坚持量化考核,相信只有用数据说话,才能真正评价好员工。如果只凭着感情说话,则不是拉帮结伙,就是糊里糊涂。在考核中坚持把短期考核与长期考核相结合,既看短期贡献和绩效,也看人才对组织长远发展的影响。

8.3 选拔与轮岗

华为在干部选拔上,坚持三优先原则,即优先从主攻战场、基层一线和艰苦地区选拔;优先从责任结果考核好的优秀团队中选拔;优先从影响公司长期发展的关键实践中选拔。

基于此，华为建立了由业务部门建议提名，人力资源体系评议，党委集体决定或否决的分权制衡的选择机制。任正非在《致新员工书》中告诉每一位新入职的华为员工，"公司永远不会提拔一个没有基层经验的人做高级领导工作"，表达华为的干部任用一定要来自基层一线，没有基层一线的成功实践，不可能得到提拔任用的机会，以此倡导员工要坚决到基层一线去磨砺，"要在基层泥坑中摸爬滚打""要在枪林弹雨中成长"。华为不论资排辈，只要努力奋斗，积极进取，新员工用3年就可从士兵成长为将军。将军一定来自战场的锤炼，在基层一线、艰苦地区打大仗，打苦仗，打恶仗，最有利于干部的成长，要在"上甘岭"中发现、培训和选拔干部。从取得优秀责任结果的团队中选拔干部，就是注重实绩，注重团队"狼群"奋斗的精神。如果做不好本职工作，不能与团队一起成功，缺乏协同配合能力，就不可能做好更重要的工作。华为依据科学完善的责任结果考核，提拔任用有突出才干和突出贡献的人，给优秀员工以脱颖而出的机遇。华为认为，更重要的是在关键实践中选拔出核心员工。任正非指出，核心员工，是当公司面对危机和重大内外部事件时可以依赖和依靠的员工群体，是一群与公司同呼吸、共命运，在各层、各级、各类岗位上忠实履行职责、持续奋斗的员工。

核心员工的选拔，需要长时间的检验，以及考察他们在关键实践活动中的立场与表现，考察他们能否在危急关头，为了公司的利益挺身而出，旗帜鲜明地坚守原则及立场。

华为在人才的选拔任用上，坚持分权制衡的原则，建立了一套选拔任用机制。对干部选拔从提名、评议到决定或否决的权力分别由不同的组织部门来行使，分权制衡。员工所属的日常直接管辖的行政管理团队，对干部的提拔有权提出建议；人力资源体系中的华为大学行使评议权；党委行使否决权和弹劾权，通过否决权，可让优秀的干部浮上来，通过弹劾权，将在行使否决权中遗漏的、不称职的干部再否决。以此来最大限度地实现干部选拔的科学化、规范化。

多年来，华为探索并建立了系统的干部轮岗制度。为促进人才的流动，保持企业内部的活力，华为打破干部终身制，建立了横向换岗、纵向能上能下的轮岗制度。华为认为，基层普通员工可以在自己的领域内发展专长，但作为管理者，不能在一个领域内走"烟囱式"地向上发展。对于中高级管理者，要强制其进行岗位轮换。一般在岗干部不到三年要进行岗位调整，比如从事技术研发的干部，要轮换到市场营销部门，再到采购、供应链部门等，经历多领域的实践历练，完整地经历华为端到端业务领域的全流程。横向换岗，既可以促进员工掌握多领域的技能，成为通才管理者，又可以避免员工在同一岗位时间过长，产生职业倦怠，并可能滋生山头主义、官僚主义等常见的组织弊病。华为横向的岗位轮换，前提是对员工进行科学合理的综合考评，重在看其能否在新岗位具备拓展学习的意愿和能力，特别是从失败中学习、总结提高的能力。同时，公司具备了完善的岗位说明书体系，在实施中也会注意尊重员工个人的意愿，防止因轮岗导致关键员工辞职，而对于技术性强、涉密性高的岗位坚持例外原则。

华为在纵向上坚持能上能下，实施末位淘汰制。1996年，华为市场部采取了集体大辞职的做法，市场部全体员工在递交述职报告的同时，全部递交了辞职报告，接受组织的评审。在辞职报告上被领导签字的干部，则被调整岗位此次大辞职活动，有近1/3的办事处主任被换下。此次市场部集体大辞职，开创了内部岗位流动制度化的先河，对所有华为员工产生的巨大思想震动，不亚于一次灵魂大革命。能上能下，制度化轮岗成为华为人普遍认同的文化价值理念。2009年年初，华为开始实施末位淘汰制，将考核结果排名后按照5%的比例进行不胜任淘汰。华为的不胜任淘汰按照高层、中层、基层实施分级,按比例淘汰。不管资历深浅,坚定不移地淘汰不称职者。

8.4 激发与引导

华为激励员工的主思路是持续地、最大限度地发挥员工的"洪荒之力"。任正非很早就提出"知本家"的概念,提出"人才是第一资源,是企业最重要的资本",并视人才为企业的战略性资源,还提出有贡献必有回报,绝不让雷锋吃亏,与奋斗者分享成功与利益的理念。华为注重采用多种方法,激发员工的内在动力。华为号称"三高"企业,即高效率、高压力、高工资,任正非坚信,高工资是激发员工积极性的第一推动力。华为在招聘时提供的"有竞争力的薪酬待遇",曾被一些同行指责为"掠夺式"地垄断人才。2019年6月,华为宣布对8位2019届顶尖学生实行年薪制管理,其中年薪最高的一名博士的年薪达201万元,并提出要在全球范围内招聘天才少年,敢于同美国争夺人才。新员工在正式上岗前的培训期间,工资、福利照发。

华为对于营销人员不实行通常的销售提成，因为华为认为，销售提成容易导致销售人员过于关注短期绩效为获取短期收益而忽视与客户建立长期稳定关系的做法，是与公司以客户为中心的价值观不符合的，会损害公司长期市场地位的获取与巩固。因此，华为不实行销售提成，而是奖金激励。当然，华为奖金激励的力度不亚于销售提成的幅度，但更重要的是产生导向作用，引导员工着眼于公司的长期利益，构建与客户长期稳定的关系。华为建立长期激励的重要措施是全员持股计划。任正非说："与奋斗者分享利益，让贡献者获得更多的配股机会，这是一个大的战略。"当华为营销人员付出艰苦努力，甚至冒着生命危险，含辛茹苦地征战在世界各地后，华为会实施几次持股计划，让有贡献者必有回报。1993年，华为推出员工期权计划，到2019年，任正非把自己的股份逐渐分给内部员工，自己只占公司股份的1.14%。全员持股计划，既使公司以内部融资的形式化解经营风险，又使员工以股东的身份参与企业决策，分享利润，承担风险，其主人翁精神、责任感、使命感、归属感也随之而来。

华为认为，**物质激励是基础，精神激励才是根本**。任正非是文化和精神激励方面的"大师"，他一手打造了华为的"奋斗文化""以客户为中心，以奋斗者为本，长期坚持艰苦奋斗"是华为的核心价值观,华为文化的魂是艰苦奋斗。对于在奋斗中取得进步和成绩的员工,华为会不断给予奖励。公司专门成立了荣誉部,对员工进行各种考核和评奖。只要员工有特点、进步和业绩,都可能无意间获得奖项,获奖面广人多,以产生广泛的激励作用。员工获得奖项后,不仅有精神方面的奖励,也有相应的物质奖励,还可能获取职权奖励,奖励没有上限。另外,华为还通过科学的职业生涯规划,优美、宽松、自由环境的塑造,以任正非为代表的高管深入员工、关爱员工的表率行为,使员工对华为产生家的归属感。任正非说"华为唯一可以依存的是人,认真负责和管理有效的员工是华为最大的财富"。

第9章
高效信息化的流程组织

2019年7月,任正非在接受《雅虎财经》的采访时说道,三十多年来,华为都是以客户为中心,把为客户创造价值和客户利益放在首位,赢得了大多数客户对华为的信任。现在华为还在增长中,说明客户并没有远离华为。在2020年上半年,面对全球疫情的压力,华为实现销售收入4540亿元,同比增长13.1%,这充分反映出华为以客户为中心的营销理念和实践的成功,而支撑以客户为中心的则是华为的营销环境信息管理系统。2002年,华为向IBM公司学习,在国内企业界率先开始规范化地建设营销环境信息管理系统,时至今日,日臻完善。华为的营销环境信息管理系统,是以客户的需求信息为中心,贯穿始终,建立端到端的流程化、规范化的信息搜集、分析、处理,为IPD(产品集成开发)、LTC(机会至收款)、ITR(售后）三大业务流程体系提供信息决策服务支撑。

9.1 视野：透视外部动态

宏观环境信息虽不受企业经营状况的影响，属于企业不可控因素，却会对企业的发展产生至关重要的深远影响，在特定的形势下，决定着企业的兴衰荣辱、生死存亡。搜集宏观环境信息，是要洞察社会、未来技术的发展趋势，把握企业未来可能的机遇点，以及可能的重大风险和挑战，也就是正确地理解社会上正在和即将发生什么变化，这些变化对公司意味着什么。

把握宏观环境信息常用的方法是 PEST 分析法。P 即政治环境，包括国内外的政治形势、产业政策、国际关系、政治不确定性等，这些因素可能对企业产生直接的影响，也可能通过影响企业的利益相关者而对企业产生间接影响。E 即经济环境，包括经济的发展态势、产业结构、民众购买力等。S 即社会文化环境，包括社会历史文化传统、文化氛围、民众教育水平等。T 即技术环境，包括基础科学和应用技术趋势、社会总体科技水平等。

　　只有良好把握宏观环境信息的发展变化趋势，才能未雨绸缪，提前应对。近年来，华为面临着前所未有的危机和挑战。任正非用一架被打得千疮百孔但仍在飞行的伊尔飞机来形容华为的现状。一方面，外部宏观环境的变化打破了公司的经营常态，出现一些问题；另一方面，这些危机和变化并未动摇公司的根本，也就是未伤及"心脏"和"油箱"，反而会刺激公司的成长和进步。华为相继推出5G基站、海思芯片、鸿蒙系统等，提前布局万物互联的智能化时代的新高地。任正非说，"三十多年来，我们不断经历各种全球大环境的困难：战争环境、瘟疫环境、经济崩溃、金融危机……此起彼伏。全世界是不平衡的，不断的经历对我们就是考验。这次对我们应该是最大的一次考验，到底我们能不能活下来？我可以说，一定能活下来。活下来的底气来自我们对宏观环境变化信息的提前预见，和长期积极有效努力的准备。"

　　很多人很关心，任正非为什么会进入电信行业，任正非总是回答说，是因为无知、傻，错误地认为电信行业空间大，好干，就糊里糊涂地一头闯进来了。进来后才发现电信行业标准高、发展速度快，进步太快了，是最难干的行业，但是我们没有退路，只好努力往前跑，坚持到现在。当初，与华为一起走上电信行业的几千家、上万家公司，也许早认识到自己的傻，就转行了。

在华为三十多年的发展历程中，任正非眼看着多少曾经仰慕的电信行业巨头倒下去，凸显着电信行业标准高、进步快、竞争激烈的特点。为此，必须时刻搜集和分析行业的信息，常用的工具就是迈克尔·波特的五力模型，其主要内容有：

一是供应商的讨价还价能力。华为坚持多供应商策略，对于单一供应商的部件采取"备胎"战略。2019年7月，任正非在接受采访时说，华为的"备胎"战略并不是对准某个国家的，而是为了保持产业的连续性和稳定性，不能让任何一个零部件只有唯一供应商，如果这个供应商发生火灾或者灾难，可能导致公司崩溃。

二是购买方的讨价还价能力，包括购买的规模，品牌的认同度，可选择的替代品等。华为采取技术和服务创新双轮驱动战略，赢得购买方的选择优势。据华为2019年上半年的年报披露，在5G领域，华为已经获得了50个商用合同，发货超过15万个基站，5G商用全球领先。华为智能手机发货量（含荣耀系列）达到1.18亿台，同比增长24%；在全场景智慧生态能力的建设上初具规模，华为终端云服务生态，全球注册开发者已经超过80万人，汇聚了全球5亿用户。

三是替代品的威胁。在ICT领域，短期内出现替代品的威胁不大。

四是潜在进入者的威胁。在ICT领域，进入的资金、技术、市场壁垒高，新的企业进入该领域难度较大。

五是行业内竞争对手的发展情况。华为认为，行业内部企业之间，包括国内企业与国外企业，不只是竞争关系，还有共生合作关系，不只是要吃掉对手来占领对方的市场份额，而可通过与对手的合作，做大市场份额，获得更大的市场空间和资源，从而实现共赢。任正非说，我们把竞争对手称为友商，我们的友商是阿尔卡特、西门子、爱立信和摩托罗拉等。与友商的关系是，宁愿放弃一些市场、一些利益，也要与友商合作，成为伙伴，共同创造良好的生存空间，共享价值链的利益。

华为围绕这五个方面，建立及时有效的行业营销情报系统。行业情报信息的搜集坚持合法的原则，渠道来源多样化。一是直接搜集，通过查阅商业文件、报刊，访问相关企业网站，访谈供应者、经销商，接触相关企业内部人士交换信息，参观相关企业的生产过程以了解其技术发展水平，购买对方的产品进行体验和研究等。二是间接搜集，委托专门的行业调研机构有针对性地进行信息搜集，或者购买从事市场研究的专业机构出售的市场信息等。

9.2 聚焦：锁定目标客户

找到客户及客户需求是营销成功的首要目标。为此，需要进行客户需求开发管理，一方面搜集客户需求信息，另一方面进行客户需求分析。

华为搜集客户需求信息的方法是多样的、及时的、有效的。任正非要求市场人员要像香水设计师一样，拥有灵敏的"嗅觉"。这种嗅觉来自于客户，来自于与客户的聊天、吃饭。"用一杯咖啡来交流，吸收宇宙的能量"，要多与客户打交道，乐意听取客户意见。"客户骂你的时候就是客户最厉害的地方，客户的困难之处就是需求。"

在长期的实践中，华为积累了如下诸多的客户需求信息搜集方法：

（1）客户满意度调查。如华为智能手机客户满意度调查，通过问卷形式获取目标客户的信息，以及对华为智能手机在通话音质、价格、手感、屏幕色彩、音乐质感、系统升级等方面的信息。

（2）试验局。试验局针对有价值的目标客户获得真实反馈，并有益于这些目标关系客户。通过试验局，既可以从关系客户这里获得对新产品需求的验证情况，及时发现问题进行补救和改进，也可以获取对以往产品的使用情况反馈信息。

（3）解决方案团队。华为的解决方案团队会与主要关系客户一起制定解决方案，在此过程中，可以精准提炼客户需求，从而更加贴近客户需求，而且可以超越现实问题本身，关注客户未来的发展需求。也可能获得第三方业务信息，掌握深层次跨公司的产品集成问题，确保解决方案具有前瞻性，解决方案能合作成功。

（4）现场支持。华为的"地毯文化"，就是把客户需要的服务工程师或者研发技术工程师派到客户身边，吃住在第一线，为客户提供技术支持服务，就地解决问题，帮助客户掌握设备应用。通过现场支持工程师，设计公司信息需求问题搜集表，可以有效获取客户在当前或未来的多种需求信息。

（5）高层交流。通过走出去、请进来，邀请客户方高管参与，交流信息，获取客户未来发展战略规划信息，共享未来的需求和行动信息。任正非说，一个产品经理、客户经理，不能装一肚子学问却见不得客人,要坚持与客户进行交流,听一听客户的心声,我们因此能了解客户的好多想法。

(6)行业活动。举办和参与行业活动,是一个提供与客户交流、搜集各类信息情报的机会。2018年10月11日,华为公司与中国信息化百人会及3GPP、5GAA、5GSA、AII、AIIA、AITISA、CCSA、ECC、ETSI、IIC、ITS等全球16家标准组织、产业组织和开源组织等,共同发起成立了全球行业组织(GIO)。2019年3月19日,华为在我国香港举办"2019华为云香港峰会",来自粤港澳大湾区的客户、伙伴、产业界、学术界的1000多名人士参加峰会,致力于助推粤港澳大湾区进入智能时代。2019年8月9日~11日,华为在东莞举行"华为开发者大会<HDC.2019>",邀请1500多位合作伙伴、5 000多名全球开发者参加,以"5G落地,万物互联升起,见证全球终端产业革命性体验的降临"为主题,正式将"鸿蒙"系统亮相。会议重点集中在5G、物联网、AI等,聚焦全场景智慧化,共同探讨华为终端生态的未来可能性。

搜集的信息如果不经过系统的整理和分析是没有多大用处的,为有效地进行信息的整理和分析,华为引入了IBM的$ APPEALS分析工具,这是一款广泛用于IBM等国际著名公司的市场需求信息分析工具，基本理念是转换关注的视角，站在客户的角度，设问客户在购买竞争性产品时所考虑的八类需求因素，通过竞争对比分析，来加强自身对客户需求关键信息的关注。

这八类客户关注的、与竞争有关的购买理由因素是：

$：产品价格，即客户对价格方面的关注内容。如设备总价、安装价格等。

A：可获得性，即客户在可获得性方面的关注内容。如产品供货时限、对问题的答复和反应时限、在当地能否获取便捷的人员上门服务。

P：包装，即客户对包装方面的关注内容。如外观、发货的齐套性、安装的便捷性。

P：性能，即客户对产品性能方面的关注内容。如产品的稳定性、兼容性、扩展度，对指标的灵敏度等。

E：易用性，即客户对产品简单好用方面的关注内容。如产品操作界面是否友好，故障的诊断和排除是否便捷，安全性和抗干扰性是否强。

A：保证程度，即客户对后续使用和维护服务方面的关注内容。如对故障的响应时间，当地是否有备件库，维修时间等。

L：生命周期，即客户对产品全生命周期的关注内容。如产品维护的费用、升级的价格、兼容性等。

S：社会接受程度，即客户对产品的社会形象和影响的关注内容。如品牌、公司实力和技术发展的可持续性，其他公司的评价、行业及国家政策等。

根据目标客户对这八类购买理由因素关注程度的不同，赋予相应的权重，并进行量化打分，进行加权计算，得出相应分值。运用这一需求信息分析工具，可以同时对多个行业的竞争对手进行分析，来对比公司与客户需求的差距、公司与竞争对手的优劣势，筛选客户需求的优先级和公司营销策略的优先级，为调整公司营销策略，更有效地满足客户需求提供支撑。

9.3 压强：激活内部流程

内部信息系统是企业最基本的信息系统，可以为企业提供贯穿经营活动的内部所有信息，包括订货、销售、成本、现金流、库存、应收付账款、利润率等。通过这些信息的搜集和掌握，可以及时发现市场机会和内部存在的问题。华为内部信息系统是基于LTC（从线索到现金）流程，包括四个阶段，即从市场和客户处发现机会点，到订单获取，到项目发货为客户提供产品和服务，再到回款，构成循环系统。这一内部信息系统集中反映了内部各个环节和经营活动的运营效率，从整体上提升了销售的运营效率，降低了运营成本和风险，提高了客户满意度。

线索和机会点发现阶段，重在捕捉和获取商机的市场洞察能力；订单获取阶段，重在投标、竞标的协同管理能力；项目产品发货提供服务阶段，重在做好合同谈判管理、产品或工程交付管理、服务交付管理；回款阶段，重在使收款的资金流畅通。LTC流程可打通内部信息流，实现端到端的流程式服务，是任正非极力主导、强力推行的三大业务流程体系之一，也是存在问题较多的领域。为此，华为聚焦主航道，以合同信息流为中心实行全打通。合同信息包括从合同生成到交付回款，这样才能实现端到端贯通，做到内部优化，前方作战组织精化、后方机构简化，战略机动部队灵活，实现前方呼唤炮火，后方提供重型火力支援，发挥出"铁三角"的威力。

为有效获取内部信息，华为非常强调内部的信息交流，新员工进入公司，就引导他们积极加强沟通，不局限在各自专业，跨部门、跨专业地沟通。华为的传统就是"喜群居、吃杂食"，一群人互相交流，互相提高。为更好地交流，华为设立网上交流平台心声社区，用于内部员工交流，并向社会开放。当时华为决定向社会开放心声社区，遇到很多人的反对，理由是家丑不可外扬。但任正非认为，只要员工坚持实事求是，做事亲历亲为，有不对的地方改好就行。要允许员工讲话，其实绝大多数员工不会是黑白颠倒的。

心声社区开放后，所有批评华为的帖子都会得到保留，并且保护发帖人的隐私。华为也能够从心声社区上发现建设性的意见，从中汲取营养，并发现人才。任正非举例说，公元1世纪至5世纪是人类文明繁荣的历史时期，民主制度、雅典法典、罗马法典、议会制度……都来源于那个时候，因为每个人都可以站在罗马广场上阐述自己的观点，天才成批前来。心声社区就是一个"罗马广场"，STW（战略技术研讨会）也要成为一个"罗马广场"。让大家免费免责提意见，敢于讲真话，就是未来将星在闪耀，华为有人才。

华为成立管理工程部，专门负责内部IT的规划、建设和运维，以及公司的组织变革、流程改进等工作。华为还构建内部统一的信息管理平台，使产业链内部信息流动标准化、数据传递快速透明，加强内部信息的互联互通，有效交流和共享信息，推倒部门墙，打通"信息孤岛"，运用大数据，加强对客户信息的洞察和共享。分析内部运作的合同、库存、物流、现金流等大数据，激活内部环境，使公司内部的优质资源，聚焦于关键客户的需求。

9.4 机制：高效执行文化

日本软银集团董事长孙正义说过，三流的战略加一流的执行力，永远比一流的点子加三流的执行力更好，一语道出执行力对公司成长的重要性。很多公司就高度重视执行力的建设，海尔创造了 OEC 管理法，强调每天对每个人每件事进行全方位的控制及管理，做到今日事今日毕，日事日毕、日清日高。任正非认为，华为的执行力是其经营成功的关键，华为的执行力与战略不可分割，战略一定要考虑执行，战略管理就是一个通过战略分析，确定战略目标，进行战略规划，通过战略措施达到效果的完整过程。脱离执行的战略必空，没有战略的执行必盲，战略与执行要一体化，华为要用一流的战略加一流的执行达成目标。

《孙子兵法》中指出，上下同欲者胜。华为的上下同欲，是从任正非到高层、中层、基层围绕为客户服务这个中心，上下一心，分工负责，用任正非的话说这叫"力出一孔"。任正非作为华为的创立者，可谓华为的"教父"，他曾把自己在华为的作用概括为以下三个方面：

一是"一杯咖啡吸收宇宙能量"，即通过开放交流，吸收新的思想，为华为的发展提供思想武器，铸造华为的精神之魂。任正非曾说自己是"甩手掌柜"，是"文化教员"。

二是"一桶浆糊黏接世界智慧"。2015年，任正非在达沃斯全球直播的讲话中，有记者提问他在华为的作用时，任正非说自己不懂技术，不懂管理，也不懂财务，手里提着一桶浆糊。浆糊，就是胶水，黏接人与组织，也就是团结员工、凝聚人心。任正非说："前面30年我提着这桶胶水，浇在大家脑袋上，把18万员工团结起来了。现在我又把这桶胶水提到加拿大来了，也要浇到在加拿大的你们这些伟大人物身上，把全世界的科学家紧密连接成一个群体。这个哲学的核心就是价值创造、价值分享。共有共享，保护每一个贡献者的合理利益，使其形成一个集群，这个集群的战斗力是很强的，这个就是分享的哲学！这个哲学要黏接全世界优秀的人。"

三是否决权。任正非不担任华为董事长，只是一名董事，但具有一票否决权。任正非曾说："我现在在公司所处的位置是行使否决权，我没有决策权，这已经实施了很多年。"虽然任正非拥有否决权，但想否决公司的决策时，也会和大家商量，告知自己的意见。

可见，任正非在公司发挥着"出主意""用干部""把方向"的核心作用。决定着公司的战略成败。

华为的决策权是在轮值首席执行官领导下的常务董事会。任正非认为，传统公司的交接，其缺点在于把公司交给一个人。但人都有局限性，每个人都对干部的认识有偏好，如果他偏好重用一部分人，另一部分人就会离开公司，这些人可是公司用几十年的失败培养起来的，走了对公司是损失。如果这个首席执行官上来，不能担负起公司董事会所赋予的使命，董事会免掉他的职务，再换一个新的首席执行官上来，他走的时候又会带走一批干部，如此循环换几次以后，公司就有可能走向消亡。2004年，华为根据美国人力资源管理机构美世咨询公司的建议，创建EMT集体决策机制。EMT指的是经营管理团队（Executive Management Team），由董事长、总裁及6位分管不同领域的副总裁八位成员组成。华为确定公司的最高决策机构是EMT会议，EMT成员只是在会议结束后，推动决议的执行，称为首长负责制。

任正非不愿出任 EMT 主席职务，华为就开始实施由八位 EMT 成员轮流担任 EMT 主席，每人半年。2011 年，任正非为更好地与国际接轨，逐步把决策权转到公司董事会，开始执行董事会领导下的轮值首席执行官制度，由三位副董长担任首席执行官一职，每半年轮换一次，每一个轮值首席执行官在独立执政期间，完全是公司的一把手，拥有很大的独立承担能力。任正非说："要充分理解轮值首席执行官制度。轮值首席执行官在轮值期间是华为公司的最高级别领袖，我和董事长是虚位领袖，行使的是否决权，我们不行使决策权"。

任正非总结了轮值首席执行官制度的优势：

一是全局利益的平衡。每个轮值者不仅要处理日常事务，为高层会议准备起草文件，更重要的是将他自己所管辖的部门带入全局利益的平衡，否则就得不到别人的支持。这样做会易于拆除公司内部的部门墙，平衡公司内部的冲突和矛盾，促进公司均衡成长。

二是着眼战略。轮值期间，轮值者会担任公司的最高行政首长，着眼于公司的战略、制度建设，奋力地拉车，牵引公司前进。即便方向错了，下一轮的轮值首席执行官会及时纠正航向，避免问题累积过重而难以调头。

三是关注大势。作为轮值首席执行官，他们不再是只关注内部的建设与运作，同时，也会放眼外部，放眼世界，让自己适应外部环境的运作，趋利避害。

四是持续发挥决策作用。轮值六个月之后卸任，并非离开核心层，他们仍在决策的核心层，不仅对业务的决策，还对干部、专家的使用都有很大的力量与权威。轮值首席执行官是一种职责和权利的组织安排，并非是一种使命和责任的轮值。轮值成员在不担任首席执行官的期间，并没有卸掉肩上的使命和责任，而是参与集体决策，并为下一次轮值做好充分准备。

五是避免优秀员工流失。避免了"一朝天子一朝臣"，使优秀员工能在不同的轮值首席执行官下，持续在岗工作。一部分优秀的员工出现流失的情况不会发生，因为干部都是轮值期间共同决策使用的，他们不会被随意更换，使公司可以持续稳定发展。

六是能够调动各级的积极性。轮值首席执行官将日常经营决策的权力进一步下放给各BG、区域，以推动扩张的合理进行。

总之，轮值首席执行官制度，是把公司的最高决策权赋予团队,这比将公司的成功系于一人,失败系于一人的制度要好。华为在轮值首席执行官制度的领导下,强调高层要有使命感,中层要有危机感,基层要有饥饿感。因为高层干部的薪酬水平高,实现了财务自由,财富对他们而言,象征意义大于实质意义,对于他们要激发其事业心和使命感,不能靠物质利益驱动,推动他们前进的是对事业的本身的热爱。在工作中,要有强烈的求胜欲望和坚如磐石的信念,具备坚强的意志和自我牺牲精神。

高层的作用在于激励士气,带头冲锋。任正非举例说,美国的两个主力作战师101师和82师,为了争夺荣誉,其士兵甚至会打架。如果大家平稳成一碗水,看似很理性,但是没有活力,这样的主官就要被淘汰。主官一定要有自豪感、荣誉感,一定要取得胜利。抢占"上甘岭",主官首先要誓死奋斗。"跟我冲""给我冲"是两种不同的领导方式。以后要先找到领头人,再立项,没有合适的人就不立项。

高层最重要的素质在于思想。任正非特别推崇美国福特公司的"蓝血十杰",大力推动高层涌现出华为的"蓝血十杰"。任正非指出,"蓝血十杰"是一批职业经理人,是将军,我们也需要一批统帅人物,在管理、研发等领域造就出一批战略家。战略家的目标永远是以为客户服务为中心。华为也需要一批望星空的思想家，他们要能假设未来。任正非说："只有正确的假设，才有正确的思想；只有正确的思想，才有正确的方向；只有正确的方向，才有正确的理论；只有正确的理论，才有正确的战略。高层最基本的修炼途径在于实践总结经验，理论上学习哲学。华为坚持将军只能在战场上产生，温室里是出不了将军的。在华为想当高层，想当将军，就要到艰苦的地方去、到上甘岭去、到主航道去。"任正非强调，赛马不相马，千里马不是培养出来的，不是上级相出来的，而是在严酷环境下考验出来的，"不死的鸟是凤凰"，将军是在战场上打出来的。

高层干部修炼的重要一环，是提高思维能力。正如恩格斯所说，提高人们的思维能力，除了学习以往的哲学外，没有别的办法。任正非充分认识到这一点，在华为倡导员工学习哲学。任正非曾说，"王国维讲哲学才能改变中国，今天来看确实是这样的。""只有全民族提高了素质，提高了对事物的逻辑之间的构想，头脑开放以后，才能构建创新。往高走一步，要改变僵化教条，那就要靠学习哲学。"

任正非把学习哲学称为"开天光"。从2002年开始，华为相继邀请北京大学哲学系的张世英教授、韩水法教授、李中华教授、王博教授、王守常教授，中国社会科学院的庞朴教授、余敦康教授，国防大学的金一南教授，原海军政治学院的吴琼教授等到华为大学开展哲学培训，培训的主要内容有"中国的智慧""近代西方哲学""谈无说玄""新教伦理与资本主义精神""周易与思维方式""无用之用——老庄的智慧""回到轴心时代""古之兵柄，本出儒术——〈孙子兵法〉再认识""基督教的源流基础与发展""中国文化的佛教——禅宗""中西文化的比较""战争规律的特殊性与战争的本质""战争指导规律与大战略""中国文化的张力""解读西方艺术""美学原理与感性的智慧""从世界名画看世界""音乐的品与评""中医漫谈""混沌与宽容""奥林匹克与希腊神话""当代国际格局的宗教文化背景"等。授课后，华为会将培训录像制作成光盘在公司内下发学习，并赠送给华为的客户。著名的中国哲学研究专家庞朴教授曾好奇地问过任正非，为什么要让他们来讲哲学？任正非答，学哲学的目的是给板结的"土壤"松土。意思是开拓华为干部的视野，提升其思维能力。

当然，华为员工对于任正非提倡的学习哲学并不以为然，有员工在心声社区上发帖子说反感学哲学。任正非对此回应说："我们不指望公司所有人在哲学上都明白，不是所有人都能理解，能理解的人悟出'道'就成为领袖；领悟不出

'道'就是战士,应该上战场冲锋去,然后给予及时激励。"

学习哲学主要是针对一定职级以上的人员作为领袖培养,作为基层员工,学不学习哲学都不重要,只要踏踏实实努力工作,多产粮食,多拿奖金,也就安居乐业了。但是中高层以上的干部要学习一点哲学,因为哲学是人生的罗盘。任正非对中层干部的要求是必须有危机感,不能懈怠,如果懈怠了,下面的员工就会挤占其职位。中层必须清晰地感受到内外的压力,保持进取精神,敢于承担责任,要能够凝聚队伍,完成任务,激励团队斗志,挑起公司的"大梁"。

任正非说:"你作为主管,如果凝聚不了队伍,完不成任务,斗志衰退或自私自利,对不起,你将很快被挪窝、被降职。但经过一段时间你改变了,工作激情提升了,经过各方面考察合格了,你也可能重新得到提拔。"

对于基层,华为强调要激发基层员工的欲望,使其嗅觉灵敏,行动果感,保持饥饿感。任正非说:"我们经常听到一种说法,叫无欲则刚。我想这个说法,第一,违背人性;第二,无欲者很难做到所谓刚强、有力量。欲望其实是中性的,在很大程度上,欲望是企业、组织、社会进步的一种动力。"激发员工的欲望,通过制度满足员工的欲望,使基层员工保持旺盛的热情和进取心,这是华为战略高效执行的不竭源泉。

基层员工处于市场一线，与客户接触密切，了解客户的需求全面深入，对市场的动态变化要保持灵敏的感知，以果敢的行动及时捕捉商机。

企业的战略是一个整体，企业的员工不管处于什么位置，都应该在公司的战略中聚焦，形成合力，共同推动战略的实现。任正非用水和空气说明了这个道理，他说，"水和空气是世界上最温柔的东西，因此人们常常赞美水性、轻风。但大家又都知道，同样是温柔的东西，火箭可是由空气推动的。火箭燃烧后的高速气体，通过一个叫拉瓦尔喷管的小孔，扩散出来的气流，会产生巨大的推力，可以把人类推向宇宙。像美人一样的水，一旦在高压下从一个小孔中喷出来，就可以用于切割钢板。可见力出一孔，其威力无敌。我们这些平凡的十几万人，三十多年聚焦在一个目标上持续奋斗，从没有动摇过，就如同是从一个孔里喷出来的水，从而产生了今天这么大的成就。这就是力出一孔的威力。"

下篇

华为战略营销笔记

大战略演绎：华为生态圈

华为三十多年的成长，大体经历了三大阶段，第一个十年是创业阶段，这个阶段的关键是打开市场突破口，实现营销的高速增长，将产品与服务做好。第二个十年是国际化快速扩张的阶段，这个阶段华为在市场领域上进行了全球化扩张，研发投入与人力资源的规模逐渐加大，管理成为最大的瓶颈，华为随即通过引进西方先进公司的最新管理体系，使公司在扩张中做到高效且有序。第三个十年是进入世界领先企业的阶段，如何从一位跟随者转身为一位领导者，如何引领产业演进与发展，如何构建好未来更加美好的产业世界，成为未来商业生态体系（圈）的构建者与维护者，就成了华为此时的关键战略选择。本篇将从哲学维度诠释华为的灰度经营哲学，从文化维度来解析华为成长中生生不息的动力源泉，从战略维度透视华为构建未来美好产业世界的宏伟蓝图。

第 10 章
灰度：华为经营哲学的精髓

在任正非看来，灰度是黑白之间的均衡。华为的成功在于"中庸之道"。中庸不是折中，而是中和、中道之用，是我国传统哲学中准确把握事物的两极而适宜行事的智慧，是用主观符合客观的正确认识，以恰当、适度的行动方式追求对立面的整体协调统一。一言以蔽之，就是中道智慧，也是任正非所极力推崇的灰度哲学。

任正非说："在变革中，任何黑的、白的观点都是容易鼓舞人心的，而我们恰恰不需要黑的或白的，我们需要的是灰色的观点，介于黑与白之间的灰度，是很难掌握的。"

任正非认为，事物并不是非黑即白，在黑白两极之间大量存在的是灰度。对企业的领导者而言，重要的是把握事物发展的方向和节奏，懂得均衡、开放、妥协、宽容，不走极端，行动适宜。灰度是要均衡不要极端，要宽容不要苛刻，要开放不要封闭，要务实不要完美，要妥协不要对立。

10.1 务实，不求完美

任正非在《管理的灰度，华为的生命之树》一文中说道，一个清晰的方向，是在混沌中产生的，是从灰色中脱颖而出的，方向是随时间与空间而变的，它常常又会变得不清晰。因此在发展的战略方向上，不可能做到完全正确和清晰，只要保持大方向基本正确即可。在前进的过程中，要务实，实事求是，反对完美主义。任正非认为，"方向大致正确"就是灰度，因为方向不可能做到绝对准确。绝对的黑和绝对的白，这个"绝对"本来就不存在。但需要注意的是，这只是对管理者而言，不是对科学研究的，科学家可以追求绝对。但管理需要灰度，管理不可能等什么都看清楚了再去做，人是有限理性的存在者，不可能完全看清事物发展的一切可能，不确定、看不清晰、充满灰度，才是常态，在方向上保持大体正确是一种现实的明智选择。

2013年,任正非在一次座谈中提出,华为需要的是能够认清大方向的思想家和战略家,华为最大的缺点是缺少思想家和战略家。因为华为的管理队伍是从基层奋斗起来的,思维受限于基层和局部,把流程越做越复杂,更多的人还盯着自己的一亩三分地,形成部门墙,很少有人能站在公司整体的角度来看待流程。如果华为人都只会英勇奋战,但思想错了,方向错了,越厉害就越有问题。任正非希望华为不光产生技术专家,还能产生思想家,从而构筑未来的世界。为此,华为不惜代价,聘请西方咨询公司做战略,以先进的战略架构保持大方向的正确。

在我国,一向有中国式管理和西方式管理之分,而华为则强调要中西结合,为我所有,管用即可,走中西管理的中间地带,即灰色地带。任正非深受我国思想文化的影响,具备深厚的中国式管理智慧,但他非常注重向西方学习,投入重金,引进西方先进的管理思想和技术,甚至提出削足适履,先僵化、固化后再优化的理念。在灰度思想下,任正非把中西方管理思想融为一体,以先进的管理思想、组织架构、平台模式,保证华为方向大致正确。

在坚持方向大致正确的前提下,企业的管理变革要坚持持续地小改进,要改良,小步快跑,因为对企业而言,改良的作用大于大变革。华为的变革不走激进变革之路，追求稳健有序，平稳推进。任正非说："我们处在一个变革时期，从过去的高速增长、强调规模，转向强调效益的管理变革，以满足客户需求为目标，从而获得持续生存的能力。在这个变革时期中，我们都要有心理承受能力，必须接受变革的事实，学会变革的方法。同时，我们要有灰色的观念，在变革中不走极端。有些事情是需要变革，但是极端的变革都会对原有的积累产生破坏，适得其反。"

任正非分析了我国历史上的几次变法，称它们虽然都对我国历史产生了不灭的影响，但大多没有达到变革者的理想，而变法者本人也受到伤害。其原因就在于，他们的变革太激进、太僵化，冲破阻力的方法太苛刻。如果他们用较长时间来实践，而不是太急迫、太全面，收效也许会好一些。其实质就是缺少灰度。

任正非强调，在管理上，自己不是一个激进主义者，而是一个改良主义者，主张不断地进步。在实践中，很多企业的管理者喜欢大刀阔斧、轰轰烈烈地进行变革，认为这既能体现变革的决心和魄力，又能一举解决常年累积的痼疾，快速实现企业质的飞跃。这种变革方法，固然可以在短时期内取得明确的效果，但也不乏因为过于激烈，使企业雪上加霜，最终一蹶不振的先例。

即使激进式的改革取得了成功，其留下的隐患也是很大的，在激烈的变革之下，可能解决了企业原有的问题，也可能摧毁了原有的优势，并且给企业的员工、客户和利益相关者造成巨大的冲击和震荡，使员工的向心力、凝聚力、自信心产生动摇，毕竟安全需求是人的基本需求，过于激烈的变革，会使员工产生极度的不安全感。改革本质是一种利益关系的调整，可能会使一部分人得益，一部分人利益受损。过于激进式的改革，容易造成内部的对抗情绪，阻碍企业的进一步发展。因此，华为的管理变革，坚持遵循"七反对"原则，即"坚决反对完美主义，坚决反对烦琐哲学，坚决反对盲目的创新，坚决反对没有全局效益提升的局部优化，坚决反对没有全局观的干部主导变革，坚决反对没有业务实践经验的人参加变革，坚决反对没有充分论证的流程进行实用。"

完美主义会吹毛求疵，眼光苛刻，行动迟缓，丧失管理的时机，扼制创新和发展；烦琐哲学会陷入偏离主要方向的细节，抓不住要害；盲目的创新是"自杀"，会浪费组织的资源；局部利益是魔鬼，过于优化的局部就如肿瘤一样，危害全局整体效益的提升；没有全局观的干部主导变革是"自残"，不谋全局者不足以谋一域，不谋万世者不足以谋一时，缺乏全局观，会一叶障目，囿于部门和局部暂时利益，导致变革失败；缺乏业务实践经验的人参加变革，会流于空洞的理论，陷入空谈，纸上谈兵，不能扎实推进，会把公司带入万劫不复的深渊；没有充分论证的流程进行实用，往往会流于表面和局部，没有深入本质和规律，没有整合多种利益，就会使变革搁浅而短命。

任正非总结道，华为在高速度发展的过程中，轰轰烈烈的剧变可能会撕裂公司，必须在变革中把握好度，有规律、有预测地在合理的比例下发展，同时要看到潜在的不稳定性，要扎扎实实，避免剧烈的振荡，不能让干部大起大落，不能全盘肯定或全盘否定。变革的关键在于改良、在于坚持，只要紧紧围绕目标，盯紧大方向，持续改变，就会成功。就如乌龟一样，虽然慢，但终会到达目标。

2013年年底，任正非在年度干部工作会议上发表讲话，他先讲了一个人人皆知的龟兔赛跑的故事，然后告诫全体干部说："华为就是一只大乌龟，二十五年来爬呀爬，全然没看见路两旁的鲜花，忘了经济在这二十多年来一直在爬坡，许多人都成了富裕的阶层，而我们还在持续艰苦奋斗。一抬头看见前面矗立着'龙飞船'，跑着'特斯拉'那种神一样的乌龟，我们还在笨拙地爬呀爬……"

这段话强调的是华为要聚焦，目标坚定，心无旁骛，不投机不取巧，要清醒地认识到自身能力的局限性。华为是能力有限的公司，不聚焦目标收窄业务面，压强就不够大，就不可能在关键点上取得突破，这就是压强战略、针尖战略，如果关键点扩展到火柴头或小木棒这么大，就绝不可能实现这种超越。对于创新而言，只允许员工在主航道上发挥主观能动性与创造性，不能盲目创新。

任正非提出的乌龟精神，强调更多的是要持续不懈地努力奋斗，要紧跟目标，跟着客户需求一步一步前进，不需要一时的热血沸腾，因为一时的激情不能持久。长期的坚持、微小的改变，必将产生质的飞跃。华为需要的是热烈而镇定的情绪，紧张而有秩序的工作，能够抵御外界的一切诱惑。任正非强调说："乌龟就是坚定不移往前走，不要纠结、不要攀附，坚信自己的价值观，坚持合理的发展，别隔山羡慕那山的花。"

10.2 均衡，不追极端

黑与白是两种极端情况，这不是事物的常态，不是大多数事物所处的状态，因此，处于黑与白两种极端情况下的事物,也不是永恒不变的,也会不断变化。所以要坚决摒弃那种非黑即白、非对即错、非好即坏、非此即彼的"一分为二"的思维,在对待事物时,树立辩证的系统思维。

任正非说:"灰度是常态,黑与白是哲学上的假设,所以,我们反对在公司管理上走极端,提倡系统性思维。"在他看来,世界是复杂多样的,万事万物都是相互联系的,没有绝对对立的事物,也没有永恒不变之物,事物都处于复杂联系网的纽结中,都处于永恒变化的长河中,因而也是混沌的。人在混沌的世界面前,不可能坚持走非黑即白之路,那样注定是走不通的。唯一可行的只能是灰度,即承认世界万物的普遍联系和永恒发展,这是世界的发展规律,也是正确的处世之道,古今中外的思想家都看到了这一点,这也是任正非六十多年的人生感悟和三十多年企业管理的经验总结,这一思想也得到一些当代企业家的共鸣。

灰度思想与我国传统思想的中庸观念相一致,我国传统的中庸智慧,强调要"执两用中",摒弃单边极端思想,以求真务实的灵活态度,追求事物的均衡发展。

灰度思想蕴含着马克思主义的唯物辩证法思想,强调普遍联系与永恒发展,强调事物是对立面的统一,事物之间既相互区别又相互联系、相互渗透和相互转化。在对事物肯定的理解中，包含着对事物否定的理解，强调要坚持适度原则、恰到好处，把握事物质变与量变的界限与节奏，正确看待事物发展的顺利与曲折。

灰度思想也是任正非的人生经验总结和管理感悟。

极端的对人性的看法就是人非好即坏，非黑即白，好是绝对的好，坏是绝对的坏。其实，大部分人是介于黑与白、好与坏之间的，既有黑又有白，要融合黑与白，才能采取恰当的态度和行动。这也体现在任正非的日常行为中，他主张不要把人分为黑白，只要人劳动，做出了贡献，都是值得尊重的，取得合理报酬才是正常的，绝不能让奋斗者吃亏。任正非对在宾馆中为他提供服务的人员，都会付其小费，因为别人付出了劳动，就应该得到尊重和报酬。

10.3 宽容，不要苛刻

任正非创办华为后，对待员工甚至辞职的员工都是宽容的，特别是对待基层员工，只对高级干部严格要求。任正非说："我们只选拔有敬业精神、献身精神和有责任心、使命感的员工进入干部队伍，只对高级干部严格要求。

在组织中，管理者要与人打交道，管理就是通过别人达到目标的艺术，因此，要善于团结别人，能够容忍人与人的差异，做到以组织目标为重，求同存异，允许别人有不同意见，甚至尖锐的批评。人有所长，尺有所短。德鲁克曾分析两种用人观，一种是用人之长，则无不可用之人，"天生我材必有用"，另一种是用完人，寻找无缺点的人才，则无可用之人。

对于大多数管理者而言，不在于不能够用人所长，而在于不能够容人所短，对人才苛察过甚。这方面的教训比比皆是，苛刻的用人标准，必然造成组织人才的匮乏。

任正非强调对待干部一定要看到干部的长远性，不要总抓住其缺点，对于犯错误的干部，要给予改正的机会。要尊重员工，切实改变选拔干部的方法。全面看待干部，正确看待有个性的员工。很多名垂史册的科学家都有各种不同于别人的习惯，英特尔的总裁安迪·格鲁夫曾说过："只有偏执狂才能成功。"很多科学家的灵感不是来自循规蹈矩、按部就班的程序化工作，而是在不循常规的习惯中迸发出思想火花。任正非认为，华为是商业部队，要能容得下各种异类人才，要坚持灰度思想，反对非黑即白的用人观。

任正非深深懂得，组织中只有一个声音，决策中没有反对声音，是非常可怕的事，必须倡导、鼓励员工提出反对意见。华为创办心声社区，其初衷就是为员工"吐槽"公司、提出意见提供便捷的渠道。为保证不同的意见能够不断提出并发挥作用，华为还从组织体制上予以保证，构建了"红军"与"蓝军"。"蓝军"队伍是专门给"红军"唱反调，提供反对意见的。任正非强调，"蓝军"扮演假想敌部队，当战争来临时，"红军"来抵御"蓝军"的入侵。"蓝军"部队的作战方法是"出人意料"的，这就给"红军"带来了很大的威胁，只有经常与他们"打交道"才不会打败仗，强大的"蓝军"部队使"红军"部队在演习中不断进步。

任正非曾在讲话中指出，华为的"蓝军"存在于方方面面，内部的任何方面都有"蓝军"，"蓝军"不是一个上层组织，不是到了下层就没有了。他认为"蓝军"存在于任何领域、任何流程，任何时间空间都有红蓝对决。如果组织出现了反对力量，要乐意容忍。要团结一切可以团结的人，共同打天下，包括提出不同意见的人。进入华为以后就算形成反对阵营也没有关系，当然要限于技术上的反对。应坚持百花齐放、百家争鸣，让人的聪明才智真正发挥出来。

选拔干部，要从"蓝军"的优秀干部中，选拔"红军"

司令。华为为此专门召开动员大会,成立两个工作组选拔敢于批评公司的人。任正非说,敢于批评公司的人,是真正热爱公司,能看到公司的不足,才能深刻地批评公司。工作组成员,要吸收优秀员工参与,从发表优秀的批评言论的员工中选拔。对于不敢批判公司、没有实际行动的人要适当淘汰。对于批评公司比较有水平的实名跟帖,可根据他过去的考核成绩,选拔补充到骨干队伍来;有些匿名批评公司的,能联络得上就联络,实在联络不上也没有关系,是金子总会发光,二等兵会冒出来的。

2019年11月6日,任正非在华为深圳总部与两位专家座谈时表示,骂他的帖子有很多,有些确实写得好,如《任正非十宗罪》,当时他还想,这么好的帖子为什么不贴到华为心声社区上呢?后来,正是他自己把《任正非十宗罪》的帖子贴到华为心声社区的。

这个帖子是在华为内部人力资源2.0总纲第二期研讨班上,华为员工给任正非提出的批评和意见,由"蓝军"部长潘少钦整理。以下是这个帖子的具体内容,我们从中可以看到任正非的胸怀,也可以看到什么是任正非所倡导的灰度和宽容。

1. 过于强势，指导过深过细过急

任总的人力资源哲学思想是世界级创新，但有的时候指导过深过细过急，HR体系执行过于机械化、僵硬化、运动化，专业力量没有得到发挥。

2. 过早否定新技术、新事物

这几年，任总强调聚焦的多、"收的"多，对一项新技术、新事物，在没有看清楚之前否定的多。任总说区块链不能搞，因为我们不能去中心化；智能驾驶还没开始谈，任总就说我们不能做，由于我们没有数据，所以不能做。

3. 价值分配机制不合理，存在一刀切

任总一直强力推动公司分配向奋斗者倾斜，但在这几年，非理性、运动式、一刀切的福利上涨（其中不少是任总强力推动的），以及过于机械的执行机制，也造成了不少问题。

4. 极端中庸，过多灰度、妥协

任总这几年对公司变革的态度一直是提倡多改良、少革命，多做增量性变革，导致现在出现了另外一种情况，公司

上上下下对中庸之道用得太极致了，灰度灰度再灰度，妥协妥协再妥协。人人都知道要改革，不改不行，但多年来是讨论讨论再讨论，一直没改成。

5. 干部管理过于复杂，风险大、效率低

现在的制度越来越严密，空间越来越小，造成效率太低，特别是在干部管理方面。

6. 不重视专家，专家的价值被矮化

任总一直倡导大家做管理者，管理者做不好才去做专家。但专家哪有那么好做。华为现在不缺管理者，缺的是专家。

7. 过度强调高管的海外经历

任总强调向美国学习，强调一线经历，强调海外经历，特别是艰苦地区的海外经验，这本身没有错，但当前执行过于僵硬和一刀切。没有海外经验不能上岗，是不是要这样绝对化、一刀切，这点要反思。

8. 过分强调"汇报"内容

当前，汇报成为干部升迁关键的环节。不能基于汇报内

容、汇报好坏来否定汇报人员或肯定汇报人员,不要因为一次汇报就轻易否定一个干部,也不能因为一次汇报就给一个干部快速升职甚至跳级升职。

9. 很多管理思想、要求适用面小

任总的一些管理思想、管理要求只适用于运营商业务,不能适用于其他业务。也就是说,任总的很多话要加定语"运营商直销业务",盲目要求其他业务适配的做法不合适,甚至可能是一个灾难。任总对作战团队的描述、思想只适用于运营商直销市场团队,不适用于研发、CBG、企业等业务。任总认为市场一线才是作战团队,但研发认为自己也是作战团队。怎么解决这个问题?

10. 把战略预备队和资源池混为一体

任总在讲话中,有的时候会把战略预备队和资源池混为一体,这就造成了不小的混乱。在不少人心目中,战略预备队被理解为冗余人员的缓冲池,污化了战略预备队的战略作用。不能战略不清楚,就求快贪多,就大规模搞战略预备队。过去一年,战略预备队运作过程中确实有不少问题,脱离业务实际,训战效果不尽如人意,预备队的入队和离队机制没

有与优秀人才推荐和干部任用衔接，队员出队困难，一线人员嫌职级高、用处不大，不愿意接。不少队员感到彷徨。这些问题不能回避。

帖子直指华为存在的问题，甚至尖锐地批评任正非引以为傲的创新思想，这样直接批评企业成功缔造者的帖子在别的企业中是很难见到的。这样的帖子出自华为，也就不难理解华为为何如此辉煌！作为被批评者，任正非高度赞扬这个帖子批评得好，亲自帖在社区论坛中，让人们见识了什么是任正非所讲的宽容而不苛刻。

宽容是对自己的高度自信，只有自信的人、勇敢的人，才懂得如何宽容，怯懦者是不懂宽容的，也绝不会宽容。任正非说："宽容别人，其实就是宽容我们自己。多一点对别人的宽容，其实，我们生命中就多了一点空间。宽容是一种坚强，而不是软弱。宽容所体现出来的退让是有目的、有计划的，主动权掌握在自己的手中。无奈和迫不得已不能算宽容。"

只有宽容才能团结大多数人，才能减少前进路上的阻力和障碍，才能达到正确的目的。

10.4 合作，不要对抗

任正非认为，灰度需要妥协，没有妥协就没有灰度。他说："合理地掌握合适的灰度，是使各种影响发展的因素在一段时间内的和谐，在这种和谐的过程中妥协，这种和谐的结果就叫灰度。"

妥协能够消除冲突，合作能够达成共识，实现双赢。拒绝妥协，是造成对抗的前奏，会导致两败俱伤的后果。任正非非常欣赏以色列前总理拉宾，拉宾懂得为了长远目标，适时妥协是最好的方法。为了达到共赢、双赢的目标，牺牲的是眼前的局部的利益，换来的是长远的整体的发展。

任正非说，他在与一个世界著名公司，也是华为全方位的竞争对手合作时谈道，自己是拉宾的"学生"，认为双方一定要互补、互助，共同生存。华为把竞争对手称为友商，华为的友商是阿尔卡特、西门子、爱立信和摩托罗拉等。如果华为要快速增长就意味着要从友商手里夺取份额，这就直接威胁到友商的生存和发展，可能使自己在国际市场到处树敌，甚至陷入被群起而攻之的处境。因此，华为要懂得妥协，不要和国际友商直接抗衡，要向拉宾学习，宁愿放弃一些市场和利益，也要合作，与友商结成合作伙伴，共享利益。如果不懂得妥协，别人都会把华为当成敌手，华为的发展就会越来越困难。把我们的朋友弄得多多的，让朋友遍天下，把敌人弄得少少的，就会无往而不胜。如何把朋友弄得多多的，用任正非的理念，就是妥协，就是灰度，就是和而不同。和谐以共生共长，不同以相辅相成，结成广泛的利益共同体，长期合作，相互依存，共同发展。

2003年11月，华为跟美国3COM公司合作成立了合资企业。3COM出资1.65亿美元（占股49%），华为占股51%，3COM把研发中心转移到我国，大幅降低成本。华为利用了3COM世界级的网络营销渠道来销售华为的数字通信产品，大幅度地提升了产品的销售，2004年销售额增长100%，双方达到了优势互补、互惠双赢，同时也为华为的资本运作积累了经验，培养了人才，开创了国际化合作新模式。华为还和西门子在PDS（综合布线系统，包括语音、数据、图像、监控等设备需要的配线）方面开展合作，在不同领域销售华为的产品，达到共赢的状态。

在海外市场的拓展上，华为强调不打价格战，要与友商共存双赢,不扰乱市场,以免西方公司群起而攻之。华为节制自己赢利的欲望,通过自己的努力,通过提供高质量的产品和优质的服务来获取客户的认可,多让利给客户,善待合作伙伴,不为追求销售额、市场占有率、利润率来损害整个行业的利润,华为绝不做市场规则的破坏者。任正非说,通信行业是一个投资类市场,仅靠短期的机会主义行为是不可能被客户接纳的。因此,华为要坚决拒绝机会主义,坚持面向目标市场,持之以恒地开拓市场,自始至终地加强营销网络、服务网络及队伍的建设,要经过妥协,与友商建立长期合作关系,实现双赢和多赢。

2017年10月,任正非在加拿大与员工座谈,在谈到如何在市场中竞争时说,"我认为我们没有竞争对手,我们主要是和大家联合起来服务人类社会,所以我们的伙伴是越多越好,而不是我们一枝独秀。但不是说我们很谦虚,用自己的死亡变成肥料来肥沃土壤,让别的庄稼长得好一点。所以我们自己要活下来,别人也要活下来,共同为人类信息社会做出合理的贡献。如果要明确一下我们的竞争对手,那就是我们自己的惰怠。华为立志要把数字世界带入每个人、每个家庭、每个组织,构建万物互联的智能世界。"

现代社会是信息社会,万物互联互通是不可扼制的趋势和潮流，每个国家/地区不可能孤立发展起来，孤立只能使自己落后。人类社会要走的真正道路是共同合作发展，而不是对抗。

任正非指出，华为三十多年的发展，离不开世界上先进发达公司的帮助和支持，与华为合作的美国企业是非常好的。他说："我们以前不坚强的时候，都要加强跟美国公司合作，我们更坚强以后为什么不跟美国公司合作呢？我更不害怕使用美国的零部件，也不害怕使用美国要素，也不害怕跟美国任何人合作。但是也有可能有一些公司没有我们这么强大，会很谨慎地使用美国要素，使用美国的成分，这对美国经济会造成一定伤害。但我们不会，因为我们很坚强，我们是打不死的鸟。"因此，华为不会停止与美国企业和大学的合作，即使有一部分美国企业和大学迫于政府压力，不与华为合作，华为还有很多合作者。华为继续邀请愿意合作的美国朋友来华为参观，"很多美国的政治家在来到我们的公司参观前，他们认为我们的公司是茅草屋，但在真的看到了我们的创新能力后，认为华为应该成为他们的伙伴。"

对于加拿大，华为在秉持据理力争、诉诸理性和法律的前提下，始终保持开放合作的态度。华为梁华董事长在接受采访时说，即便加拿大政府禁止华为5G技术，华为也不会放弃加拿大消费者、通信公司及高等院校。2019年，华为继续增加在加拿大的投资和工作岗位。2019年12月2日,任正非在接受加拿大《环球邮报》记者采访时表示,华为在加拿大的员工已经增加至1200人,有2/3是研发人员,未来还会继续加大投资。华为在北美没有美国市场,市场总部在墨西哥,但是研发中心会从美国移出来,会以加拿大为中心。

任正非强调,华为选择加拿大作为更好的发展基地,这个决心没有动摇过。因为美国越来越封闭,如果加拿大越来越开放,就会获得巨大的发展机遇,在美国发展受限的机会就会转移到加拿大来,加拿大会作为一个新的科技中心而崛起。此外,在人工智能的发展上,世界三位"人工智能之父"都在加拿大,因此,华为会围绕这些科学家加强在这方面的投入和发展,不会因为个别事件影响华为在加拿大的战略发展和投资。任正非坚信,个别事件是会过去的,但是加拿大是永远存在的,华为不能随意放弃在一个国家的战略发展。如果加拿大选择华为的5G,华为会全力支持加拿大做好5G建设。加拿大采用5G以后,可以利用人工智能的方案,如在冰冻地区的矿业生产采用无人生产方式。在无人驾驶技术上,华为是处于世界先进地位的,如无人驾驶矿山设备,无人驾驶农业机械,以及可以实现无人农场,让拖拉机24小时耕种。加拿大会增加很多农业生产、矿产,大幅提升加拿大人民的生活和物质财富水平。加拿大有这么好的人工智能基础，如果把人工智能作为国家战略，是有可能处在世界前列的。

如果不懂得合作，选择对抗与放弃，因为一件事就放弃一个国家，再放弃一个国家……那华为在世界上就没有立足之地了。

当然，合作、妥协不是无原则的退让，也不是软弱和不坚定的表现，因为在一些人的眼中，一说到妥协，就是没有骨气和投降的表现，似乎只有毫不妥协，方能显示出英雄本色。这种认识，实际上是非此即彼的思维方式，是把人与人之间的关系看成绝对对立的，是征服与被征服的关系，没有任何合作、妥协的余地。显然这种思维方式是不明智的，是现实中必然要碰壁的。

任正非说，企业的战略方向和原则不可妥协，但在坚持正确方向和基本原则的前提下，为了顺利实现目标，在达成目标的过程中一切都可以妥协，只要有利于目标的实现。方向目标清楚了，力量不足，遇到困难和障碍，为什么不可以妥协一下，换种方式，绕个弯，继续前进呢？曲折地前进，正是事物发展的趋势和规律，曲折地前进也是在前进，这总比原地踏步，或者撞到南墙上要好。

从这个意义上来说，妥协是符合事物辩证发展规律的一种明智选择,是通权达变、非常务实的丛林智慧。凡是智者,都懂得在恰当的时机接受别人的妥协,也懂得在自己力量不足时,向别人提出妥协和让步,这是一种理性,也是一种平实的生存智慧。在解决问题上,妥协固然不是最好的方法,但在没有更好的方法之前,它却是最有效、最明智的方法。

任正非强调,妥协是一种美德,是一种让步的艺术。掌握这种高超的艺术,是管理者的必备素质。各级干部只有真正领悟了妥协的艺术,学会了宽容,保持开放的心态,才会真正达到灰度的境界,才能够在正确的道路上走得更远,走得更扎实。

10.5 开放,不要封闭

任正非说:"灰度给了我更大的心胸,我用它来包容整个世界。"

2014年5月,任正非在英国伦敦接受媒体采访时,总结了华为成功的原因,他说:"华为公司之所以能进步到今天,与华为本身的开放有关。华为内部的决策绝大部分都开放在网上，这些内容不止公司员工可以看到，整个社会都可以看到，我们的有些决策也会遭受外部的批评，当别人批评的时候，我们知道决策有错误，就要纠正。"

在任正非看来，开放是系统充满活力的原因和保证，封闭必然导致系统衰落或死亡，国家如此，企业如此，任何组织都难以例外。因为一个不开放的文化，就不会努力吸取别人的优点，而逐渐被边缘化，是没有出路的。一个不开放的组织，迟早会成为一潭死水，逃不脱"熵死"的结局。他引用物理学中的热力学定律来说明封闭的原理。热力学讲不开放就要死亡，因为封闭系统内部的热量一定是从高温流到低温，水一定从高处流到低处，如果这个系统封闭起来，没有任何外在力量，就不可能再重新产生温差，也没有风。这就像水流到低处不能再回流，那是零降雨量，那么这个世界会全部是沙漠，生物就会死亡。这就是热力学提到的"熵死"。

社会也是一样，需要开放，需要加强能量的交换，吸收外来的优秀要素，推动内部的改革开放，增强势能。

华为要继承中华文化的开放性和包容性。华为的开放是华为生存下来的基础，如果华为不开放，同样会走向崩溃和死亡。华为要加强对外开放，要坚持对外开放的道路不动摇。开放是华为的出路。

任正非在多次讲话中强调开放的重要性,还举了很多因开放而活,因封闭而亡的例子。任正非指出,华为的心胸要更加宽广,更加开放,在这一点要学习美国的开放。美国200多年的发展历史,就是开放的历史。华为要坚持做一个开放的群体,始终不停止开放,要以开放为中心,和世界进行能量交换。只有开放,才有华为的未来。

开放就是向所有人学习。无论是从事产品开发、销售服务、供应管理,还是财务管理的人,都要开放地吸收别人的好东西。不要过多地强调自我,也不要过多强调自给自足。创新是站在别人肩膀上前进的,同时像海绵一样不断吸收别人的优秀成果,而并非封闭起来的"自主创新"。任正非说:"我们不强调自主创新,我们强调一定要开放,我们一定要站在前人的肩膀上,去摸时代的脚。我们还要继承和发展人类的成果。""向所有人学习,应该是华为文化的一个特色。华为开放就能永存,不开放就会昙花一现。"

1996年,任正非在迪拜转机时,得知在沙漠里缺乏资源的迪拜竟然是中东地区的经济金融中心后,便带着好奇去了解迪拜,于是深深地被震撼了。迪拜的石油资源极少,但是建立起了开放的文化,把孩子们一批批送到欧美学习后再回来,借用全世界的智慧,使用别人的钱,建设一个全球最美的城市。迪拜的这种开放性，使任正非认识到，华为要向迪拜学习，建设一个开放强大的华为。

开放不仅是弱者要开放，强大起来后也要开放，不能做"黑寡妇"。黑寡妇是拉丁美洲的一种蜘蛛，这种蜘蛛的母蜘蛛在交配后，就会吃掉公蜘蛛。华为在成长的道路上，当面临严峻的生存压力时，经常会一开始与别的企业合作，然而在一两年后，就会把这些公司合并或甩开。这种做法会使以后准备与华为合作的公司产生恐惧，会制造越来越多的敌人。因此，任正非说，华为必须改变这种做法，把困难留给自己，多让利益给别人，多栽花少栽刺，多些朋友，少些"敌人"，不做"黑寡妇"，不做西楚霸王，不要一将功成万骨枯，不要想着打倒别人、消灭谁。华为如果想独霸天下，最终是要灭亡的。华为在前二十年把很多朋友变成了敌人，在后二十年要把敌人变成朋友，要走出"强则霸""大则傲"的历史性陷阱。当华为不断对内、对外开放时，就会在产业链上拉起一大群朋友，那时华为就只有胜利这一条路了。

开放要按规则做事，才能自由，达到无为而治。华为在境外市场的开拓上，强调要不打价格战，不扰乱市场，绝不做市场规则的破坏者，要按规则做事，通过提供高质量的产品和服务赢得客户，通过让利给友商实现共存双赢。同时，华为更远大的目标,是要建立一种规则,一种有利于所有人发展,而不是只利于己的规则。华为在按规则做事,这就是自由。任正非说,火车从北京到广州沿着轨道走,而不翻车,这就是自由。人为地制定一些规则,进行引导、制约,使之运行合理就是自由。面对未来的风险,要用规则的确定来对付结果的不确定。只有这样我们才能随心所欲,不逾矩,才能在发展中获得自由。任何事物都有对立统一的两面,规则和自由就是一体两面,从规则到自由就是管理上的灰色,这是我们的生命之树。华为只有真正认识清楚内、外发展规律,管理就可以做到无为而治。早在2000年,任正非就认识到这一点。他在春节后上班第一天,就给全体高级副总裁以上干部布置了一篇命题作文,根据《华为人》报刊上的一篇文章《无为而治》谈谈对公司治理的认识。无为而治是道家的哲学智慧,强调的不是无所作为,而是要依靠规律,顺应规律达到目标,从盲目的必然王国走向自由王国。

开放要主动回应社会关注,通过媒体揭去"神秘面纱"。任正非出身于军人,深受军队组织、制度和文化的影响。曾经有员工在座谈会上向任正非提问:"军人生涯对你最大的影响是什么?"任正非的回答是"服从。"任正非非常推崇《蓝血十杰》一书,这本书讲的是第二次世界大战后,美国十位退役军官在福特二世的邀请下,加盟福特汽车公司,进行深刻变革,使福特汽车公司重振雄风的故事。这使华为在外界眼里被贴上了"半军事化管理"的神秘标签,留下封闭和僵滞的印象,缺乏开放和透明。2005年前后,华为的内外环境发生变化,外部环境更加开放,内部引进了"80后"新一代员工。然而在2006年5月,华为一名25岁的员工,因病毒性脑炎不幸病逝,媒体及网络评论将其定义为"过劳死",抨击华为是"血汗工厂"。随后又发生了几起不同原因导致的"80后"的自杀事件,更加引起社会舆论的指责。

　　这些问题引起了任正非的高度重视和反思。2010年11月25日,任正非在内部人员座谈会上反思了原因,坦诚自己和媒体打交道的方法是存在障碍的。他说:"华为才是个二十多岁朝气蓬勃的小伙子,确实需要被世界正确认识。别人对公司的误解,有很重要的原因是我们不主动与别人沟通,甚至连被动的沟通我们都害怕,还把这当成了低调。在舆论面前,公司长期的做法就是一只把头埋在沙子里的鸵鸟,我可以做鸵鸟,但公司不能,公司要允许内外部的批评意见,要反对家丑不可外扬,要大力改善和媒体的关系,善待媒体,永远不要利用媒体。要允许员工说错话,实事求是地说,说错了改进就行了。在离职员工的管理上,删除维护公司的声誉这一条。声誉不是维护出来的,是改进出来的。"

从此,华为的高管层开始在全球各地接受媒体的采访,发布华为的各类最新信息,回应外界的质疑和期待。2013年4月,任正非首次在新西兰与当地媒体交流,之后在法国、英国等与全球主流媒体记者会面,以及与国内20多家媒体进行坦诚的交流。2015年1月,任正非在瑞士达沃斯论坛上,接受了BBC(英国广播公司)记者的访谈,并面向全球进行了现场直播,成为此次达沃斯论坛的亮点之一。

2019年,华为遭打压,任正非更是频频接受中外媒体采访,表明华为的立场和态度。

1月,任正非接受6家外媒采访,首次接受多家国内媒体群访。

2月,任正非接受BBC专访,随后接受CBS(美国哥伦比亚广播公司)的专访。

3月,任正非接受CNN(美国有线电视新闻网)的专访。

4月,任正非接受美国《时代周刊》的专访,接受CNBC(美国消费者新闻与商业频道)的专访。

5月,任正非第二次接受我国媒体的群访,接受彭博社的采访。

6月，任正非第二次接受CNBC的采访，接受英国《金融时报》的采访，以及加拿大《环球邮报》的采访。

8月，任正非接受英国天空电视台的采访，接受美联社的采访。

9月，任正非接受《纽约时报》专栏作家托马斯·弗里德曼的采访；接受《经济学人》的专访；接受《财富》杂志的专访。

11月，任正非接受《华尔街日报》的采访。

12月，任正非接受加拿大《环球邮报》的采访。

开放的态度、坚定的立场、睿智的回答，对任正非的每次采访都引起了国内外的关注。华为再没有"神秘面纱"，公开透明地在世人面前展示自己的自信和勇气。

任正非认为，对于公司的高级干部，不能关在家里埋头苦干，要少干点活，多喝点咖啡，即与外界，与高手多交流，以开放的姿态吸收新知，开阔视野，开拓思路。学习很重要的一条就是和高手过招，和比自己能干的人去交流。只有与高手过招才能发现自己的不足和差距，才会有危机感。只与比自己差的人在一起，是只有输出没有输入，而与高手过招才能成长。

在现代社会中，一个人拥有多少知识的意义不大，知识不是重要的，重要的是掌握知识和应用知识的能力和视野。任正非举例说，如果让服务员制作榴弹炮，虽然他们之前对榴弹炮完全没有概念，但通过上网搜索原理和图纸，之前完全不懂榴弹炮的人瞬间也能进入这个领域。这说明，在互联网时代，知识实现了共享，获取知识在某种程度上只需要通过检索。华为的高级干部与专家要开放，多参加国际会议，多和"大师"喝咖啡。与人碰撞，可能就会擦出火花来。公司内部也要多召开务虚会，通过思想的碰撞，找到正确的战略定位。这就叫一杯咖啡吸收宇宙能量。

任正非指出："咖啡是引爆人类灵感的助燃剂，一杯咖啡能够吸收别人的火花与能量，把战略技术研讨会变成一个'罗马广场'，一个开放的科技讨论平台，会让思想的火花燃成熊熊大火。"他经常鼓励华为的高级干部、科学家、专家不断与外界交流，要求他们每年有三分之一到一半以上的时间要到各大学、技术论坛、学术会议上，交流碰撞思想。同时，也要把全世界顶尖的人才汇聚到华为来，不求所有，但求能用，激发顶尖人才的创造灵感。

任正非认为，比宇宙还大的，就是心胸，心胸要开放，不想只想到我、我、我，要想到地球、地球、地球，以及将来对地球的贡献。要敞开心胸，拥抱世界，拥抱未来。

第 11 章
文化：华为生生不息的源泉

电视剧《亮剑》中，李云龙说，任何一支部队都有自己的传统，传统是一种性格、一种气质，这种传统和性格是由这支部队组建时首任军事首长的性格和气质决定的，他给这支部队注入了灵魂，从此，不管岁月流逝，人员更迭，这支部队灵魂永在！同志们，这是什么？这就是我们的军魂！我们进行了二十二年的武装斗争，从弱小逐渐走向强大，我们靠的就是这种军魂，我们靠的就是军队广大指战员的战斗意志！纵然是敌众我寡，纵然是深陷重围，但是，我们敢于亮剑！我们敢于战斗到最后一个人！一句话：狭路相逢，勇者胜。亮剑精神就是我们这支军队的军魂。剑锋所指，所向披靡！

华为所向披靡的原因是什么？华为的企业之魂是什么？显然，华为之魂是华为的缔造者任正非的思想所赋予华为的企业文化，对于包括企业在内的任何组织而言，资源是会枯竭的，唯有文化生生不息。

1998年，任正非提出要在华为新基地的总部门口立一块石碑，上书"一个企业长治久安的基础是接班人承认公司的核心价值观，并具有自我批判的能力"。2014年，任正非在一次座谈会上提出，以客户为中心，以奋斗者为本，长期艰苦奋斗，这是华为二十多年悟出的道理，是华为的核心价值观，是华为文化的真实。核心价值观与自我批判，代表着华为文化最主要的内容，也是任正非三十多年来反复强调的华为文化之魂。

11.1 核心：以奋斗者为本

任正非说，"我们坚持以奋斗者为本，使奋斗者得到合理的回报，只有这样员工才愿意当'雷锋'，只有艰苦奋斗才能活下去"。华为不能只把"雷锋"当成道德号召，必须建立一套合理的机制，鼓励大家当"雷锋"。首先在理念上，必须秉承绝不让雷锋吃亏，有贡献必有回报。其次对其制度化,这样才能涌现出更多的"雷锋"。任正非说:"华为绝对不让雷锋穿破袜子,如果你为公司做出了贡献,我就会给你体面的回报。这样就是在用制度培育雷锋,而不是用道德培养雷锋。"为此,早在1998年通过的《华为基本法》中,就规定,华为主张与顾客、员工、合作者结成利益共同体,努力探索按生产要素分配的内部动力机制。

华为的价值分配导向以奋斗者为本,导向激励员工持续奋斗,按员工的价值和贡献,拉升薪酬的差距,多劳者多得,让贡献者不吃亏,让混日子者淘汰,坚决打破大锅饭和官本位。任正非认为,华为要成长为高科技公司,必须吸引优秀人才,企业买设备买厂房需要花高价,买人才更需要花高价。只有高薪才能买到优秀人才。华为必须用实实在在的高薪来回报员工的贡献,而不是一味强调其他理念和文化,对有贡献的员工再一味地讲奉献,让雷锋吃亏,这样的公司是绝不可能发展起来的。

员工对华为的企业文化和核心价值观的认同,必须建立在具有竞争力的薪酬制度之上,同时建立起公平的评价和利益分享机制。曾有老员工回忆说,他在20世纪90年代加入华为时,最大的感受就是突然感到很有钱,很幸福。他领到的第一个月的工资是3000元,在当时称得上是巨款,打电话告诉父母,工作了一辈子退休的父母一个月的工资不过四五百元,听后很难相信天文数字般的工资,甚至觉得是不是被骗进了传销组织。更超出他预想的是,之后每个月都加薪500元,工作仅半年,工资就达到每月6000元。

2001年,华为进行大规模招聘,本科生的起薪为5500元,硕士生的起薪达7000元。这还仅仅是起薪,华为还有快速的涨薪和奖金机制。有不少老员工透露,有人一年涨了7次工资,更有人一年涨了11次,次数最少的是一个研发部门,所有人一年加了12次工资,一年仅工资翻番还不止。华为前副总裁刘平曾说,他大学毕业后,在上海交通大学工作了8年,到1993年离开时,工资只有400元,加入华为时,华为给出的起薪工资是1500元,是之前的4倍。加入华为的第二个月工资涨到2600元,到1993年年底时,工资已涨到6000元,一年内工资涨了4倍。

2015年,华为高级副总裁陈黎芳在北京大学招聘宣传会上,给大学应届毕业生开出的薪酬是14万元到17万元起薪,最高到35万元,其中博士特招生根据其能力单独谈薪酬,彻底打破工资"一刀切"。2019年,华为更是公开宣布,对8名优秀应届生的薪资采用年薪制,最低薪资为每年100.8万元,最高薪资达到每年201万元,引发社会的广泛关注。

2019年，华为员工的平均年收入达到110万元。有员工在网上爆料称，自己2019年的工资福利达100.2万元，特意为此感言："感谢公司，感谢任总，让我一个山沟里的穷孩子能立足于大城市，给父母妻儿一个良好的保障。十年前刚毕业时，家里一贫如洗，这是一个想都不敢想的数字。"

此外，华为更是对在艰苦、危险地区工作的员工给予可观的补贴，如2020年华为对在抗疫一线的员工按天给予补贴，每天2000元。高额的回报，大大提高了华为对优秀人才的吸引力。任正非坚信，钱给多了，不是人才也变成人才了。他鼓励员工多挣钱，改变自己和家庭的命运，钱多了，就不用再为柴米油盐酱醋茶发愁，生活品质、幸福感就会提高，社会地位也会相应提高。

在华为创业初期，公司还没有多少营收和利润时，任正非即使去银行贷款也要给工程师发工资、涨工资。他还经常到员工中间，跟大家描绘美好的愿景：华为要在世界通信领域三分天下有其一，将来大家都要买大房子，买三室一厅或四室一厅的房子，最重要的是要有阳台，而且阳台一定要大一点，因为华为将来会分很多钱。钱多了装麻袋里面，塞在床底下容易返潮，要拿出来晒晒太阳，就需要一个大一点的阳台。要不然没有办法保护好钱不变质。任正非说："不奋斗，不付出，不拼搏，华为就会衰落！拼搏的路是艰苦的，华为给员工的好处首先是苦，但苦中有乐，苦后有成就感，有收入提高，员工对公司的未来会更有信心。"

高薪酬是让员工坚信，有努力就有回报，回报的前提必须是以奋斗者为本。但正如人们常说的，"金钱不是万能的"，给员工发的钱越多，不代表员工的积极性就越高。事实上，很多公司在用高薪酬激励员工的过程中虽支出了很多，但员工并不满意，甚至造成公司的攀比之风，影响员工士气和积极性。因为薪酬制度要建立在公平的基础上，虽然没有绝对的公平，但公平是基于比较的，不仅要与员工个人的贡献相比较，还要与同类员工的付出与收益相比；不仅与内部人员相比，还要与公司外部人员相比。为此建立公平合理的激励机制，就成为能否让以奋斗者为本持续下去的关键。

华为的做法是推出"以岗定级、以级定薪、人岗匹配、易岗易薪"，实行基于岗位责任和贡献的全面薪酬体系，以科学的制度设计和机制，保障华为员工的高薪回报的公平公正。

以岗定级，是把岗位和职级相匹配，每个岗位对应一个职级，职级依据个人能力和价值评估、岗位价值和组织绩效评估等。岗位确定所在类别，如市场岗位、研发岗位，职级确定所在序列的高低，如研发岗位中的助理工程师、工程师、高级工程师等。由此确定每个岗位的任职资格体系，明确员工所需要的条件，选拔合适的员工，通过对岗位职责和员工绩效的衡量，确定员工所在职级，使其岗位与职级相匹配。

以级定薪，是员工职级工资范围表。华为吸收国际上现代薪酬管理理念和方法，推行宽带薪酬，即每个职级员工工资的带宽范围大，在原有职级的范围内，不需要频繁晋升职级，即可实现工资的大幅上涨。这也有利于部门主管根据员工的绩效在员工相应职级带宽范围内调整优秀员工的薪酬，同时让员工专注于自己岗位的职责，不用分散过多精力于晋级中。华为在上下级薪酬间实行重叠式薪酬，即低职级薪酬的上限与高职级薪酬的下限存在重叠，因此，只要员工的贡献度大，低职级的员工的薪酬有可能超越高职级员工的薪酬。在晋级时，没晋级的员工可能涨薪酬，晋级的员工也可能降低薪酬，用相对更公平的制度设计，来有效维持员工间的薪酬平衡。

人岗匹配，是把员工与岗位要求的任职资格相一致。通过科学的考核评价，确定员工的绩效是否达到岗位的要求，评估其能力是否符合岗位职责，如果不合适，就要进行员工调动，将其调整到新的岗位上。

易岗易薪，是指员工的薪酬跟着岗位走。人岗匹配之后，职级获得晋升的，适用于新岗位的薪酬，同理，调岗或降级的员工，也要适用新岗位的薪酬水平。坚决反对固定不变的薪酬体系，一切要依据岗位职责和员工绩效来确定。

任正非认为，员工的快乐是建立在贡献与成就的基础上的，关键是让谁快乐？企业要让价值创造者幸福，让奋斗者因成就而快乐。"如果一个企业让懒人和庸人占着位子不作为，让不创造价值的人、混日子的人都感到快乐，那么这个企业离死亡就不远了！华为的薪酬制度就是要把落后的人挤出去，减人、增产、涨工资"。

作为员工，可以讲吃亏是福，但作为企业的管理者，一定要建立不让雷锋吃亏的机制，不要讲吃亏是福，为什么要让员工吃亏？要想让员工吃苦，就要通过机制的完善让员工感到快乐、幸福。员工不仅与企业是利益共同体，还是长期的命运共同体，《华为基本法》中明确了认真负责和管理有效的员工是华为最大的财富，尊重知识、尊重个性、集体奋斗和不迁就有功的员工，是事业可持续成长的内在要求；尊重人才、培养人才、激励人才，让人才在华为能够得到自我实现等高层次的精神满足是华为长期的探索和追求。

华为对员工的回报是全方位的。正如马斯洛需求层次理论所指出的那样,人的需求是多层次的,物质生存、安全、爱、尊重、自我实现都是人的现实需求。华为不仅在物质方面去满足员工需求,还在多方面满足员工需求,如为员工提供好的工作、生活、保险、医疗保障条件,对员工进行荣誉感的精神激励。华为的智能终端总部在东莞松山湖,这是一个投资100亿元建成的欧洲小镇风格的办公区域,童话般的场景设计,让员工仿佛身在迪士尼乐园一样轻松愉快地工作。正如任正非所说:"优秀的企业文化能够让员工有很好的归属感、荣誉感,有较高的物质奖励,让每一个人劳有所得,也是一种企业文化。"

增强员工归属感的最有效手段,就是华为的全员持股计划。任正非在2018年华为年报中,开宗明义地指出,"谁拥有华为?华为是一家100%由员工持有的民营企业。华为通过工会实行员工持股计划,参与人数为104572人,参与人仅为公司员工,没有任何政府部门、机构持有华为股权。"员工持股计划将公司的长远发展和员工的个人贡献及发展有机地结合在一起,形成了长远的共同奋斗、分享机制。任正非作为华为的缔造者,也参与了员工持股计划。截至2019年12月31日,任正非的总出资相当于公司总股本的比例约1.04%。

第 11 章
文化：华为生生不息的源泉

任正非在华为创立的初期就认识到，企业的发展必须聚合全体员工的积极性。他在 1990 年就实施了全员持股的计划，在公司内部建立了一个"股票交易所"，向华为员工配售股票，每股 10 元，以税后利润的 15% 作为股权分红。在每个营业年度，公司会根据员工的年限、级别、绩效等指标确定员工是否获权持股及持有的最高限额。符合条件的员工自主决定是否购买及在限额内购买的数量，可以用现金登记购买、用奖金兑换，还可以从公司申请贷款购买。任正非建立的内部股票交易所，一方面解决了企业在快速发展阶段所需大量资金的问题，更重要的是通过全员持股的方式，让员工享受到企业发展所带来的红利，真正增强员工的主人翁意识，使员工与企业的发展融为一体，企业与员工结成生死与共的命运共同体。随着华为不断壮大，员工中不断涌现出千万级的富翁。

为保证华为员工能充分享受到发展的红利，华为坚持不上市，任正非曾公开表示："事实上，股东是贪婪的，他们希望尽早榨干公司的每一滴利润。而拥有这家公司的人则不会那么贪婪……我们之所以能超越同行业竞争对手，原因之一就是没有上市。"华为坚持不上市，使奋斗者有其股。员工获得了巨大财富，激发其无穷的动力和智慧，反过来员工也在极力回馈公司，这样构成良性循环，使华为"以奋斗者为本"的理念落到实处。

11.2 动力：坚持自我批判

任正非在华为不断取得辉煌胜利的征途中，想到的是什么呢？

2001年，华为销售额达255亿元，居全国电子百强首位。在技术研发上取得重大突破，投入巨资研发第三代移动通信设备，成为国内首家获得软件开发管理CMM4级国际认证的企业。加入国际电信联盟（ITU），在美国设立了4个研发中心，与俄罗斯国家电信部门签署了上千万美元的设备合同，国际市场销售迅猛增长。在全国开展轰轰烈烈的"万人大招聘"，展示出其无比光明的发展前景。

取得辉煌成绩之际，任正非写下了《华为的冬天》一文，他在开篇即写道："10年来我天天思考的都是失败，对成功视而不见，也没有什么荣誉感、自豪感，而是危机感，也许是这样，华为才存在了10年。"他告诉华为全体员工说，失败这一天一定会到来的，因为这是历史的规律，也是他从不动摇的看法。如果有一天，公司销售额下滑、利润下滑，甚至破产，应该怎么办？公司的太平时间太长了，在和平时期升的官太多了，这也许就是华为的灾难。公司从上到下，还没有真正认识到危机，那么当危机来临的时刻，就可能措手不及。为此，我们必须未雨绸缪，居安思危，在条件有利时，研究出危机来临时的应对方法和措施。其中，开展以自我批判为中心的组织改造和优化活动，是思想、品德、素质、技能创新的优良工具，是华为应对危机的一大法宝。

任正非曾说："华为会否垮掉，完全取决于自己，取决于我们的管理是否进步，一是核心价值观能否让我们的干部接受，二是能否自我批判。"在任正非的思想体系中，华为的核心价值观和自我批判是同等频次的概念，对确保华为的发展同等重要。核心价值观确保华为沿着为客户服务的方向，长期艰苦奋斗，自我批判确保华为足够应对危机，两者相辅相成，缺一不可。

2008年，任正非在《从泥坑里爬出来的人就是圣人》的讲话中，系统总结了自我批判对华为发展的意义。他说，华为二十多年的发展，关键是坚持了自我批判，如果没有坚持这条原则，华为绝对不会有今天。

因为,"没有自我批判,就不会认真听清客户的需求,就不会密切关注并学习同行的优点,就会陷入以自我为中心,必将被快速多变、竞争激烈的市场环境所淘汰;没有自我批判,面对一次次的生存危机,就不能深刻自我反省、自我激励,用生命的微光点燃团队的士气,照亮前进的方向;没有自我批判,就会故步自封,不能虚心吸收外来的先进东西,就不能打破游击队等的局限和习性,把自己提升到全球化大公司的管理境界;没有自我批判,就不能保持内敛务实的文化作风,就会因为取得的一些成绩而少年得志、忘乎所以,掉入前进道路上遍布的泥坑陷阱中;没有自我批判,就不能剔除组织、流程中的无效成分,建立起一个优质的管理体系,降低运作成本;没有自我批判,各级干部就不会讲真话,听不进去批评的意见,不学习不进步,就无法保证做出正确决策和切实执行。只有长期坚持自我批判的人,才有广阔的胸怀;只有长期坚持自我批判的公司,才有光明的未来。自我批判让我们走到了今天,我们还能向前走多远,取决于我们还能继续坚持自我批判多久。"

任正非认为,华为最大的危险来自内部,最大的敌人是自己,要关注人类历史上、企业发展史上、业界发展史上因内朽而自毁的悲剧,更要学习人类历史上一些优秀组织保持生机和活力的经验。

自我批判是进步的武器,是一种精神上的自信。敢于进行自我批判的人,是强者,不是弱者,因为弱者自卑,缺乏自信,眼睛总是向外寻找精神的支撑,而强者具有足够的自信,眼光才转向自身,通过不断改正缺点,提升自我,赢得更好的发展。

自我批判是批判自我,不倡导批判别人。批判别人,需要有高超的艺术和语言水平,不容易把握恰当的度,容易掌握不了轻重而伤害到别人,造成内部冲突和矛盾,不利于内部团结而集体奋斗。而批判自我,把批判的矛头对向自己,多数人会手下留情,如鸡毛掸子弹灰一样,但即使如此,多弹几次,也会起到同样的效果。为此,华为对自我批判确定限制,不搞人人过关,不搞群众运动,不搞无限上纲,不搞无情打击。

自我批判服务于核心价值观。华为坚持自我批判的目的,在于捍卫企业的核心价值观,提高公司的整体竞争力,激发内部活力,克服自身建设和发展中出现的问题。任正非说:"自我批判不是为批判而批判,不是为全面否定而批判,而是为优化和建设而批判。总的目标是要导向公司整体核心竞争力的提升。"

自我批判是提拔干部的重要原则。公司发展得越久，内部的惰性就越大，这种惰性的清除，需要领导者具有自我批判的能力，如果没有自我批判的能力，公司很快就会消亡。因此，凡是不能自我批判的干部，原则上不能提拔。2001年，在《华为的冬天》一文中，任正非说，公司认为自我批判是个人进步的好方法，还不能掌握这个武器的员工，希望各级部门不要对他们再提拔了。两年后，还不能掌握和使用这个武器的干部要降低使用。2005年，华为成立自我批判指导委员会，任正非再次强调，要把能否进行自我批判作为提拔干部的一条重要原则。"华为从上到下要调整，要使用敢于讲真话、敢于自我批评、听得进别人批评的干部。只有这种人才能担负起华为的各级管理责任。"

自我批判要制度化、讲究方法，常抓不懈，形式多样，不能流于单一形式。华为的自我批判从高级干部开始，带头示范，每年都会召开民主生活会，以上率下，各级都要有民主生活会。华为的民主生活会是认真严肃的，每位参会的员工都要进行自我剖析，讲清自己的不足，分析出现不足的根源，寻找改进和提高的办法。这种做法，不仅能使每个人的问题都对别的参会者提供镜鉴，起到警示作用，还能使团队共同总结经验教训，实现团队整体水平的提高。在民主生活会上，员工也要相互提意见，给别人提意见要温良恭让。一定不要把内部的民主生活会变成有火药味的会议，也不要指望一下子解决所有问题，要循序渐进，和风细雨式，只要长期持续进行，就一定能取得良好效果。除民主生活会这种形式外，华为还以自律宣言、整风大会等多种形式，开展形式多样的自我批判活动。这种反思精神，推动了华为学习型组织的建设，使公司及时警觉发展中的问题，始终保持成长过程中旺盛的精气神。

11.3 底蕴：团队集体奋斗

华为强调艰苦奋斗是团队整体奋斗、群体作战，类似自然界中的群狼，也就是外界所传的"狼性文化"。当然，外界认为的"狼性文化"与华为所说的还有所不同。

早在1997年，华为内刊《管理优化报》刊登了一篇会议纪要，这篇会议纪要的主要内容是美国著名咨询公司HAY（合益）高管韦女士采访任正非的一次会谈，任正非在回答华为技术创新时，用狼的特性来形象地说明，华为员工技创新的三大特质，即灵敏的嗅觉，有很强的进取性，群体作战、前仆后继、不怕牺牲。这三大精神是华为公司在新产品技术研究上领先的机制，按这个原则来建立组织，建立一个适合"狼"生存的组织构架和机制，吸引"狼"、培养"狼"。只要这个机制建立起来了，新"狼"就会不断找上来或培养出来，总会有一个"狼"的鼻子嗅准了未来的信息世界。

可见在座谈中，任正非讲到的"狼"，适用的范围是建立机制，吸引和培养具有敏锐嗅觉、进取性、团队合作研发的技术创新人才。强调的是华为的用人制度不能因循守旧，要给新人成长空间和成才机会。

这篇会议纪要在刊登时，加了"编者按"的揭示，把这种精神适用的对象范围从研发领域扩大到市场系统的组织建设模式，特意指出不适合其他部门。其内容是华为在研发、市场系统建立机制，吸引、培养大量具有强烈求胜欲的进攻型、扩张型干部，激励他们像"狼"一样嗅觉敏锐、团结作战。同时培养一批善统筹、会建立综合管理平台的"狈"，以支持"狼"的进攻，形成"狼狈一体"之势。编者在最后再次强调，公司大多数非扩张型的部门和岗位，应以做实为主，不希望此文对其他部门的工作产生不利影响。

第二年，任正非在《华为的红旗到底能打多久》一文中，公开总结了"狼"的三大特性。他说"HAY公司曾问我是如何发现企业的优秀员工，我说我永远都不知道谁是优秀员工，就像我不知道在茫茫荒原上到底谁是领头狼一样。企业就是要发展一批狼，狼有三大特性：一是敏锐的嗅觉。二是不屈不挠、奋不顾身的进攻精神。三是群体奋斗。企业要扩张，必须有这三要素。所以要构筑一个宽松的环境，让大家去努力奋斗，在新机会点出现时，自然会有一批领袖站出来去争夺市场先机。华为市场部有一个狼狈组织计划，就是强调了组织的进攻性（狼）与管理性（狈）。"

然而，外界把任正非这篇讲话中的狼的精神，解读为"狼性文化"，让人感觉到狼的咄咄逼人、残忍无情的群狼进攻态势，无形中让人对华为产生恐惧，影响华为的对外开放合作关系。

为此，任正非专门进行解释道："我们没有提出过'狼性文化'，我们最早提出的是一个'狼狈组织计划'，是针对办事处的组织建设的，是从狼与狈的生理行为归纳出来的。狼有敏锐的嗅觉、团队合作的精神，以及不屈不挠的坚持。而狈非常聪明，因为个子小，前腿短，在进攻时是不能独立作战的，因此它会趴在狼的背上，一起行动，就像舵一样操控狼的进攻方向。狈很聪明，很有策划能力、很细心，它就是市场的后方平台，帮助做标书、网规、行政服务……我们做市场一定要有方向感，这就是嗅觉；以及大家一起干，这就是狼群的团队合作；要不屈不挠，不要一遇到困难就打退堂鼓，世界上的事情没有这么容易，否则现如今就会有千亿个思科公司。狼与狈是对立统一的案例，单提'狼性文化'，会曲解狼狈的合作精神。而且不要一提这种合作精神，就理解为加班加点，出大力，拼苦命。那样太笨，不聪明，怎么可以与狼狈相比。"

社会上对华为"狼性文化"的最大曲解，就是把华为看成是向对手进攻、不留余地的公司，而忽视了华为自己所提出的"狼狈组织计划"。因为在竞争残酷的通信设备行业市场上，华为人只有前后方、市场与技术相互配合，依靠群体奋斗精神才能活下来。因此，这种文化强调的是团队合作精神。团队合作、集体奋斗是华为最为推崇的文化基因。随着公司的发展壮大，华为需要着眼于大市场、大系统、大结构，需要所有员工坚持合作，走集体奋斗之路。

为避免误解，2000年以后，任正非不再提"狼性文化"。2005年春节联欢晚会上，《千手观音》这个节目深深震撼了任正非，后来他在多个场合反复强调，这就代表了华为集体奋斗精神的文化,就是华为文化的真实写照。他认为演出这个节目的演员,是那些完全听不到声音,也许一生都不知道什么是声音的孩子,在没有任何音乐协调的情况下,形成如此整齐划一的动作,如此精美绝伦的演出,其中的艰辛和付出可想而知。华为的员工,正同他们一样,历经千辛万苦,才取得今天的一点进步。但华为离成功还很远,华为的国际市场刚刚有了起色,所面临的外部环境比以往更严峻。境外的很多市场刚爬上滩途,随时会被赶回海里;产业和市场风云变幻,刚刚积累的一些技术和经验可能会又一次面临自我否定。在这关键时刻,不能分心,不能动摇甚至背弃自己的根本,无论现在,还是将来,我们除了艰苦奋斗还是艰苦奋斗。

11.4 信仰:长期艰苦奋斗

任正非说,艰苦奋斗是华为文化的魂,是华为文化的主旋律,我们任何时候都不能因为外界的误解或质疑动摇奋斗文化,我们任何时候都不能因为华为的发展壮大而丢掉我们的根本——艰苦奋斗。

任正非自己就是一个艰苦奋斗者,他说,如果没有经历童年的贫苦饥饿及人生的挫折,就不可能取得今天的成就。如果不艰苦奋斗,就不可能有今天的华为。任正非出生于贵州一个贫寒家庭,全家9口人,父母用微薄的收入养活任正非兄妹7个孩子,饱经战乱、贫困的磨炼,长期忍饥挨饿。贫困和饥饿养成了他坚韧不拔、不屈不挠的奋斗精神。1987年,任正非创立华为也是为生活所迫,这年他43岁,失去工作,妻子离开,需要照顾父母,陷入生活的窘境,母亲经常到菜市场捡别人扔掉的菜叶,维持最基本的生活。华为在创立之初,只有6个人,没有资源,没有技术,没有背景,没有品牌,任正非说,活下去的唯一办法就是艰苦奋斗。

华为人艰苦奋斗的标识就是闻名遐迩的"垫子文化"。那时,包括任正非在内的高层领导、工程师、技术员,直至基层员工,办公桌下都有一个床垫。新报到的员工,都会领到一张床垫、一条毛巾被。员工到客户那里安装调试设备会带着床垫,在公司晚上加班、中午午休,都可以铺开床垫,席地而卧。甚至华为人工作吃住都在办公室,一床垫子解决问题,方便又实用,节约时间。很多客户开始接纳和认同华为,也是从华为人的"垫子文化"中看到了华为人的奋斗精神,为客户服务的虔诚精神。

华为内部刊物《华为人》报,曾专门刊登过一篇题为《床垫文化》的文章,文中生动地介绍了这种文化:"几乎每个华为人都备有一张床垫,卷放在各自的储存铁柜的底层或办公桌、电脑台的底下,外人从整齐的办公环境中很难发现这个细节。午休的时候,大家席地而卧,方便而实用。晚上加班,夜深人静,灯火阑珊,很多人整月不回宿舍,就用这一张床垫,累了睡,醒了再爬起来干,黑白相继,没日没夜。可以说,一张床垫半个家,华为人是携着这样一张张床垫走过8年创业的艰辛与卓越。颜色各异、新旧不同的一张张床垫,载着我们共同的梦想"。某中央领导同志在视察华为时,特意让华为员工把垫子拿出来,让随行的记者拍照,称赞华为的奋斗精神;某国家元首在参观华为时,也特意带着随行人员,一起到华为员工的办公室,参观员工的床垫,表示要学习华为的"床垫文化"。

随着时代的发展,人们对劳动权益保护意识不断增强,在2005年前后,华为一名员工因病去世,引起社会对华为加班现象的关注,代表华为奋斗精神的"床垫文化",被打上了"加班文化"的标签,饱受非议。为回应社会上对华为"床垫文化"的质疑,任正非在《天道酬勤》一文中说:"创业初期,我们的研发部从五六个开发人员开始,在没有资源、没有条件的情况下,秉承20世纪60年代'两弹一星'艰苦奋斗的精神,以忘我工作、拼搏奉献的老一辈科技工作者为榜样,大家以勤补拙、刻苦攻关,夜以继日地钻研技术方案,开发、验证、测试产品设备……没有假日和周末,也不分白天和夜晚,累了就在地板上睡一觉,醒来接着干,这就是华为'床垫文化'的起源。虽然今天床垫主要已是用来午休,但创业初期形成的'床垫文化'记录的是老一代华为人的奋斗和拼搏,是我们宝贵的精神财富。"

"华为走到今天,在很多人看来已经很大了,成功了。有人认为创业时期形成的'床垫文化'、奋斗文化已经不合适了,可以放松一些,可以按部就班。但这是危险的,繁荣的背后都充满了危机,这个危机不是繁荣本身必然的特性,而是处在繁荣包围中的人的意识。艰苦奋斗必然带来繁荣,繁荣后若不再艰苦奋斗,必然会丢失繁荣。千古兴亡多少事,不尽长江滚滚来。历史是一面镜子,它给了我们众多深刻的启示。我们还必须长期坚持艰苦奋斗,否则就会走向消亡。"在任正非看来,床垫不是文化,文化是可以传承的,床垫只是一个睡午觉的工具,它不能传承。要看到所谓"床垫文化"的背后是艰苦奋斗的精神,没有精神,早期的华为就不可能活下来，也就没有今天。床垫不必传承，但艰苦奋斗的精神什么时候都不能丢。

华为由此对员工加班做出制度性规定，加班不能超过晚上 11 点，而且要经过多层审批，加班要按规定给予加班费。员工为完成项目加班后，公司会强制员工休假，提供五星级酒店供员工放松身心。任正非要求，不能只想着给高效率的员工加薪，要关心员工的身心，让员工从身心上解放自己。为此，华为专门设立首席员工健康与安全官，负责解决员工的健康工作问题。

但是对于华为的高管层，他们每天不计时间地工作，平均每天工作都在 10 小时以上，60% 的高管每天工作达 12 小时以上，没有加班费地、自觉地、忘我地工作，几乎没有节假日，手机 24 小时不关机，随时随地都在准备处理问题。任正非每年有 1/3 的时间都在出差的途中。2003 年，他由于过度劳累，身患癌症，动过两次手术。华为人正是靠着使命感驱动下的奋斗创造着辉煌。任正非经常说，要生存和发展，没有灵丹妙药，只能用在别人看来很"土"、很"傻"的办法，那就是艰苦奋斗。华为不战则亡，没有退路，只有奋斗才能改变自己的命运。华为有什么？连有限的资源都没有，但是员工很努力，拼命地创造资源。正如《国际歌》所唱的,从来没有什么救世主,也不靠神仙皇帝!要创造人类的幸福,全靠我们自己!

2014年4月,中科院遥感领域泰斗级人物、我国几何光学学派创始人李小文院士的照片,大量出现在媒体网络上,人们称赞他为"仙风道骨、不拘小节""维护了传统知识分子的风骨、本色、随性",被称为"布鞋院士"。照片传播开来不久,华为一位副总找到李小文院士,请求他做华为代言人,用他的照片进行宣传。李小文院士欣然同意,唯一的条件是一分钱也不要。

2014年6月5日开始,《人民日报》《光明日报》《经济日报》《环球时报》《参考消息》《中国青年报》《科技日报》《人民邮电报》《第一财经日报》《21世纪经济报道》等全国权威的时政、财政媒体上,刊登了巨幅企业形象广告。这幅华为的广告,没有华为的设备或手机,只有李小文院士的大幅照片,照片的下边是文字简介:李小文,中国科学院院士,北京师范大学遥感与地理信息系统研究中心主任,地理学与遥感科学学院教授,博士生导师。照片的右边是两行大大的字:华为坚持什么精神?努力向李小文学习。广告发出后,引起社会的广泛关注和多维度解读。任正非在当年接受国内媒体采访时进行了说明,他说,我们为什么做了"李小文"

广告,其实我们很多员工都不听我们的,包括高级干部,他们常常不看公司的文件夹,而是从互联网上吸取能量。所以做个广告也是给员工看的,目的还是希望华为继续踏踏实实地做事,坚持艰苦奋斗精神。

2014年,任正非的女儿孟晚舟看到了美国摄影艺术家亨利·路特威勒(Henry Leutwyler)的摄影作品《芭蕾脚》深受感动,在朋友圈里转发了这张照片。任正非看到这张照片时,不禁潸然泪下。他仿佛从中看到了自己的全部人生,和华为三十多年来的全真写照。华为董事陈黎芳说,"那只伤痕累累的脚代表的就是任正非本人"。照片中脚的主人,是美国当今一位优秀的芭蕾舞者,她经过二十年的努力练习,终于成名。亨利·路特威勒说,芭蕾舞"不仅是舞蹈,它表达了人类情感的各种形态:爱、绝望、热情、希望,还有最重要的是快乐。"这张照片上,舞者的两只脚,一只脚上穿着优雅光鲜的芭蕾舞鞋,代表成功的辉煌光芒。另一只脚赤裸着,布满疤痕,代表成功路上的苦难和艰辛,正如伟大作家罗曼·罗兰所说,伟大的背后都是苦难。

任正非当即决定买断这幅照片的广告发布权,作为华为2015年的主题广告,并配上广告语:"我们的人生,痛,并快乐着。"这张照片推出后,华为把它放在公司大堂里,也曾引起一些人的不解，认为构思不错，但画面太虐心，看上去非常恶心。一些来参观的客户也感到不解，华为给客户解释说，华为的光鲜亮丽是穿着鞋的那只脚，而布满疤痕的脚是代表华为的艰苦奋斗。在2015冬季达沃斯论坛上，任正非对此阐释说，"我们这有一只是芭蕾脚，一只是很烂的脚，我觉得这就是华为的人，痛并快乐着，华为就是那么一只烂脚，不给社会表现出来我们这只脚还挺好"。

华为发展起来了，华为的条件好了，任正非最担心的问题，是员工丢掉了华为艰苦奋斗的精神，那将丢掉华为文化之魂。他反复强调，艰苦奋斗的精神什么时候都不能丢，必须始终坚持思想上的艰苦奋斗，为企业生存与发展顽强奋斗，丝毫不能懈怠！一天不进步，就可能出局；三天不学习，就会赶不上业界巨头，这是残酷的事实。没有长期的艰苦奋斗，就不会有现在的华为，更不可能有未来；没有长期的艰苦奋斗精神，就没有华为文化。

第 12 章
生态圈：华为构建未来美好世界

　　面对未来，华为的蓝图是基于产业生态圈的战略营销，也可称为华为生态营销大战略。华为的生态营销不同于传统的生态营销概念。早期传统的生态营销是通过强调产品技术对生态环境的协调性来赢得市场，促进企业的可持续经营与发展。而华为的生态营销大战略则是华为成为行业领军企业之后，基于移动互联网与 5G 时代的大背景，而探索、感悟与规划出来的大战略。华为认为产业世界正在发生巨大变化，万物互联、万物感应与万物智能使得产业链内部与产业链之间的利益相关者正在形成一个庞大而紧密的生态系统。华为感悟到了这一大趋势，主动担当起构建大生态营销体系的发起者、构建者与赋能者，主动夯实产业生态的基础，为产业链伙伴提供智能化服务平台，协同共赢，并通过持续的市场与技术创新，引领与构建逐渐开放的营销生态体系，最终与生态伙伴建立长期的命运共同体。华为在生态营销体系的构建中演绎出了大战略图景。

12.1 理念：生态圈是命运共同体

生态营销不是一个新概念，但却具有新内涵。

20世纪70年代，西方一些营销理论学者反思传统的营销活动，提出"生态营销"这个概念，认为企业在营销中，要考虑对生态环境的影响，把经营活动与生态保护相结合，以减少资源浪费与环境污染，强调长远的生态环境利益与企业利益、消费者利益的统一性。可见，生态营销这个概念的提出是应对全球环境日益恶化的影响，坚持可持续发展战略，从而赢得市场和客户好感的营销观念新发展，是实现一种生态环境保护的营销观。

2012年，移动互联网时代的新秀小米公司，提出了建立小米生态链的构想，这一概念随着小米公司取得的耀眼成就而备受关注。小米公司成立于2010年4月，2018年总营收达1749亿元人民币，同比增长52.6%。据2019年上半年小米公司的财报显示，上半年小米总收入为人民币957.1亿元，同比增长20.2%。9年时间增长的速度惊人，重要原因之一在于小米公司抓住了移动互联网时代的机遇，进行了商业经营模式的创新。

小米提出的生态链是指寻找有成长前景、与自身产品相关的智能硬件创业公司，通过投资并管理的方式，指导帮助其成长，甚至公司名称大都带"米"字，如华米、云米等，从而打造出一批合作伙伴，共用营销渠道，迅速占领市场，短时间内使公司发展壮大。2012年，小米公司硬件生态链部门成立，雷军提出3年内投资10亿元，培育50家企业的生态链企业布局目标，后改为100家。到2015年，小米公司生态链企业已经形成三层布局。核心层是围绕手机开发产品的生态链企业，产品如手环、耳机、移动电源等；中间层是开发智能硬件的生态链企业，产品如电饭煲、空气净化机、净水器、无人机、机器人等；外围层是生产与日常生活紧密相关的生活类耗材的企业，产品如牙刷、毛巾等，用于增加与客户的黏性。总之，围绕小米新零售所形成的、消费群所感兴趣的产品，小米生态链都可以纳入，采取投资不控股、管理不管制、赋能不干扰、建议不决策的运营模式。生态链上的各企业既有统一性，又有自主性，小米公司生态链的各企业共生、互生、再生，共同成长，从而缔造了商业史上快速发展的奇迹。

同在 2012 年，华为开始了"生态营销"的战略布局。任正非强调，构建一个开放和谐的生态圈，让广大合作伙伴实现资源共享、能力互通，打造越来越多的、创新的、更具竞争力的行业解决方案，为最终客户创造价值。随着移动互联网浪潮的来袭，华为面临着来自消费者领域的高难度挑战。华为虚心学习小米、OPPO/vivo 与苹果，运用数字信息化手段把线上与线下、直销与分销融合，使线下体验店与网上商城、大电商平台的销售相结合，全渠道无缝连接，打造共享平台，创新服务方式，为目标客户传递丰富的资讯，营造和完善了全渠道的平台营销模式。

华为战略的关键是将全渠道的"营销平台"转化成"开放、合作、共赢"的"营销生态圈"，生态圈中的各利益彼此相连、关系紧密、优势互补、协作互动、共荣共生。面对全连接的"台风"，华为明确自身的战略定位是全球领先的ICT（信息与通信）基础设施和智能终端提供商，致力于把数字数据带入每个人、每个家庭与组织，构建万物互联的智能世界，与供应商、合作伙伴、产业组织、开源社区、标准组织、大学、研究机构等构建共赢的生态圈。这就是华为的

"生态营销"战略。

全连接、大数据与高流量已成必然趋势,华为聚焦于主管道,做高端技术开发,在引领合作伙伴共同成长的方式上将"情有独钟"与"洒向人间都是爱"有机结合。2015年,华为已经在全球拥有了5万个合作伙伴,截至2020年年底,华为企业市场合作伙伴数量超过30000家,其中销售伙伴超过22000家,解决方案伙伴超过1600家,服务与运营伙伴超过5400家,人才联盟伙伴超过1600家,有19000多家合作伙伴加入华为云伙伴计划,云市场上架应用4000多个,汇聚160万个开发者。为此,华为通过全面云化,架构更敏捷、更开放的平台,以服务于更多的合作伙伴。华为推出的全球第一款SDN控制器,实现了运营商网络的统一控制,而且打通了运营商、数据中心和企业这三个网络。三十多年来,华为和运营商一起建设了1500多张网络,帮助世界超过30亿人口实现连接。在2019年"华为中国生态伙伴大会"上,华为宣布将"平台+生态"战略演进为"平台+AI+生态",为合作伙伴提供"+AI"的支持。目前华为正在孵化智慧园区,未来三年,智慧园区的核心伙伴将达3000家。华为将与这些生态合作伙伴一起,推动智能时代的到来。

与此同时,生态营销的理念和模式在业界迅速得到了认同和实践。2014年,海尔集团倡导建立空气生态圈,构建空调行业的共享空调生态联盟。经过不断发展,生态联盟参加的利益相关者包括中国标准化研究院、中国循环经济协会、中国电信上海研究院、上海华为技术有限公司等300多家资源方,以及全国200余所高校、10万多个进驻场所等场景。运营商、资金方、信用机构、高校、学生等多方资源,共同汇聚到海尔集团的海享汇生态平台,通过平台赋能,实现全程透明,共创共赢。2019年5月10日,海尔集团携手全球500家生态伙伴,举行主题为"空气生态智汇未来"全球第一空气生态品牌成果发布活动,据披露,海尔的空调空气生态平台的目标是至2019年年底成长为全球最大空气生态合作平台体系。

2019年8月,京东集团举行第三届手机金机奖评选,在颁奖现场会上,京东与在场的合作伙伴共同宣布了京东5G生态联盟正式成立。

从此,生态营销超出了环境保护的局限,具有企业战略和商业模式创新的时代内涵。从小米的"生态链",到华为的"生态圈",以及当下业界多种生态联盟,昭示着生态营销时代的大趋势。外部形势正在发生巨大变化,产业链内部与产业链之间的利益相关者正在形成一个庞大的生态系统,具有战略洞察力的公司，无不努力夯实产业生态的基础，为产业链伙伴提供智能化服务平台，协同共赢，并通过持续的市场与技术创新，引领与构建逐渐开放的营销生态体系，最终与生态伙伴建立长期的命运共同体，共同演绎生态营销大战略图景。

12.2 探索：生态圈体系的构建者

"认识你自己"，是古希腊德尔菲神庙入口处镌刻的名言，也是华为生态营销体系构建的逻辑和实践起点。认清自身，就是厘清华为是干什么的，华为主要做什么？为此，需要汲取历史教训，洞察大势，掌握规律，界定业务边界。华为誓做世界信息和通信设备的领先者，这是构建全球性战略生态营销体系的前提和基础。

1. 洞察行业大势，深思生态规律

企业要想持续成长，必须具有阶段性的历史觉悟，洞察世界发展潮流，具有高瞻远瞩的眼光、未雨绸缪的战略布局。

1994年，发展如日中天、销售额达35亿美元的美国王安电脑公司突然宣布破产保护，日本强大的三菱集团宣布退出电脑生产，这引起了任正非极大的疑惑，他亲赴美国进行考察，一探原委。这趟美国之行，强烈地震撼了任正非，"仿佛每根脉搏都在振荡"，也造就了他的世界视野与眼光。参观美国拉斯维加斯的国际电脑展时，任正非认识到，闭门造车很有可能从时代的列车上摔下来，企业始终面临着周期性技术和节奏性市场变迁的双重危机。华为只有具有开放意识，自强自立，拼命发展技术，珍惜眼下机遇才有未来，将来才可能在通信行业三分天下有其一。否则，即使强大如王安电脑公司、三菱集团，也免不了失败的命运。

从此，"活下来""生存下去"成为任正非的口头禅，"天天思考的都是失败，对成功视而不见""下一个倒下去的会不会是华为？"成为萦绕在华为人心头的警示语。在任正非看来，企业失败的原因有很多，但最根本的一条是缺乏长远眼光的机会主义思维，为了眼前暂时的利益而忘记根本是什么，只图一时的成就而不顾后果，视界狭隘必会遮蔽前行的道路。最大的昔者是昧于世界大势，最大的智者是有着常人难以望其项背的洞察力和预见力。2003年，任正非在内部会议上指出，华为的发展，终有一天要冲击到美国的利益，要与美国正面遭遇。我们可能不如人家，要有思想准备。由此，就有了华为长达十几年准备的"备胎"计划。

2. 界定业务边界，坚守生态原则

一个企业若想知道自己能做什么，只要有流量有利润，凭直觉就能确定。而知道自己不能做什么，则往往需要大智慧。很多失败的企业不是败在自己能做什么，而是败在不知道自己不能做什么。缺乏清晰的业务边界意识，盲目拓展业务的界限，贸然进入已经结构化的市场领域，往往会引发内外隐形矛盾冲突而导致失败。华为对自己的业务界限，有着清晰的理性界定，以及令人震惊的专注和坚守。1998年通过的《华为基本法》第一条，就明确规定了华为的业务领域和界限是"为了使华为成为世界一流的设备供应商，我们将永不进入信息服务业。"华为要做的是"世界一流的设备供应商，不做的是信息服务业"。在2019年华为年报中，华为根据新的形势发展，界定华为的业务领域是"全球领先的ICT基础设施和智能终端提供商。"

通俗地说，华为只做"管道"，不碰里面的"水"或"油"，华为将自身业务领域定位于像自来水水管那样的"管道"，致力于做长、做粗管道，构建"管网"体系，也就是

为客户打造获取资源和信息的设备或途径。华为轮值首席执行官徐直军曾说"华为是一家'能力有限'的公司，未来做什么、不做什么，经过几年的思考，现在已经清晰，即继续聚集'管道'战略。"2019年6月18日，任正非接受法国《观点》周刊专访时说："我们向客户销售的是裸设备，如同自来水管道和水龙头。终端是水龙头，而设备是管道。管道中流的无论是水还是油，都由信息系统决定，由运营商管理。"通过明确界定华为的业务领域来说明，华为提供的设备是安全的，没有后门，因为华为不进入信息服务领域，不掌握信息数据。

3. 透视生态机会，聚焦战略资源

聚集主航道，才能最大限度地集中公司的人力、物力、财力，实施压强战略，发扬"乌龟精神"，在关键"点"上取得突破，实现绝对领先。进而在经营的"线"上、在产业链的"面"上，甚至在整体产业"生态"体系上作为引领者与领跑者，营造一片有制空权高度的生态领地。华为人认识到，在生态演变的战略机会点上，要超强配置资源，要么不做，要做就必须心无旁骛、专心专一，直至实现绝对的、战略性的突破。

如果说在 4G 时代，华为与世界巨头站在同一起跑线上，不分伯仲，那么到了 5G 时代，华为则是毫无疑义的领头羊。在 2019 年 6 月 18 日的法国《观点》周刊采访中，任正非充满自信地说，华为 5G 设备是目前世界上最高效的设备。在接下来的两三年里，世界上的其他制造商还无法赶上。5G 的成本仅是 4G 的 1/10，而速度将比 2G 快万倍。没有 5G 技术，美国可能会成为一个落后的国家。华为不仅仅是在 5G 技术上领先世界，在光系统上，更是远远领先世界，未来在物联网、人工智能等方面，华为更是领跑者的角色。

一个企业只有锁定有限的业务领域，进行长期深耕精耕，做到战略性的引领者，才有可能打造出属于自己的生态营销世界。华为为做到这一点用了三十多年的时间，从跟随到超越，进入"无人区"，最终拥有了构建产业生态、实施生态营销战略的绝对底气，具有了奠定生态营销根基的绝对资格。

12.3　担当：打造生态圈的大平台

华为人认识到，虽然华为暂时走到了世界领先地位，但如果不思进取、故步自封，过度利用自身优势地位来建立只利于自己的规则是很危险的，因为在大数据时代，企业之间的竞争不仅仅是单一产品和技术的有形竞争，在技术加快迭代的背景下，领先企业只有整合产业链，引领产业链升级，夯实产业生态基础，才能持续领先。"一个公司需要建立全球性的商业生态系统才能生生不息"，华为人必须以开放心态，视自己为"黑土地"，筑造更大平台的基础，共造产业发展的"大森林"，与合作伙伴互信互助，这是新时代基于生态营销的大格局，也是世界级企业基业长青的必然选择。

1. 夯实生态基础，做"黑土地"，造"大森林"

任正非在 2007 年初春访问俄罗斯时，看到无边无际的黑土地，广袤无垠的原始森林，激动感慨得说不出话来。他联想到华为的未来，找到了心中的梦想。华为的理想就是在本行业中，成为一望无际的"黑土地"，逐步培育"大森林"，打造全球产业的战略共赢生态。华为把自己确定为一家基础性与平台型的企业，为产业链上的更多合作伙伴、友商、消费者提供共同成长的机会，共享未来技术发展的无限利益空间。华为要做智能社会的引领者和推动者，通过透视需求痛点和持续技术创新的双轮驱动，打造强大的"基础平台"，这个基础平台就像俄罗斯广袤的黑土地，可以支撑所有的"庄稼"生长，最终带给产业链客户与终端客户更好的产品和服务。

2017年10月，任正非在访问加拿大滑铁卢大学时说："华为的主航道是ICT基础设施，其实就是信息社会的一块黑土地，让千万家企业来种玉米、大豆、高粱等。"为此，华为未来的运作模式，就是从"一棵大树"到"一片森林"的转变，这片森林的上面是人类发展的共同价值追求，即把数字世界带入每个人、每个家庭、每个组织，构建万物互联的智能世界；下面是共同的平台支撑，就像一片土地，承载数千数万甚至更多的合作伙伴，形成各得其所，各得其利，竞争、合作、开放、共赢的商业生态系统。

2. 战略与策略赋能并重，共创共享

独木不成林，只有打造"大森林"，才能让各利益相关者健康成长。华为在早期阶段，就不以追求短期销量与利润为目标，而是着力于走进客户价值链、生产方式、生活方式，及时响应客户需求，提供更高效的解决方案，建立更持久的互信关系。传统营销只关注销售的短期业绩，客户关系仅为脆弱的交易关系，而华为将产业链的战略赋能和经营的策略

赋能有机结合起来。在战略上，通过高层互访与交流，帮助伙伴决策者清晰产业发展的未来趋势，反思与客观评估企业自身的战略方向与业务模式组合，慎重决策，帮助企业寻找适合自身的商业模式设计与组织模式设计，正确引导企业实现持续成长战略；在策略上，根据客户或合作伙伴的需求，提供产研销、人、财供各职能部门的管理与专业性支持，甚至合作研发新产品。华为通过走进客户的经营与运营方式，为客户提供商业、专业、经营与运营类的支持。

随着互联网的发展，华为采用了更灵活的方式、更有效的途径，给更多的客户赋能，围绕着产业链上的战略性机会与日常经营的策略性需求，与客户共创共享价值，从而形成了基于产业、行业、经营与技术多维度的生态营销战略。华为通过开放的平台架构，建设生态圈，引领数千数万家公司，合作发展，共同服务于30多亿人的经营与生活，促进社会发展。

3. 用价值观经营生态伙伴，互助互信

华为人认为在激烈的市场环境中，竞争并不一定是"你死我活"的零和博弈，也可以是合作共赢、优势互补、共荣共长的非零和博弈。

华为生态营销体系中有五类生态伙伴：销售合作伙伴、

解决方案合作伙伴、人才生态合作伙伴、投融资合作伙伴及服务合作伙伴。华为以与伙伴互惠双赢为目标，构建互信互助的真诚合作关系。华为的核心价值观是以客户（伙伴）为中心，将成就客户做到极致，赢得了客户的尊重和信任。2018年11月，第十二届华为核心供应商大会披露，华为对于同一生态链上的合作伙伴，假如他们在运营中出现了困境，将采取提前付款等多种方式，帮助伙伴渡过难关。对于很多合作伙伴给予华为的帮助，华为不仅心怀感激，而且全部记录并建立红事件库。在参与会议的150家核心供应商合作伙伴中，有92家获奖，其中美国供应商获奖数量最多，共计33家。当然，华为也为信用不足的企业建立了黑事件库，会定期调研与理性评判。

12.4　展望：顶层设计促生态进化

华为构建生态营销体系的终极目标，是打造出命运共同体，与优质伙伴一起共同基业长青。当然，构建良好的产业生态需要与时俱进，甚至有时需要应对各种危机。在面对国际环境的打压时,华为表现出的自信与淡定,再次证明了华为生态营销的战略智慧。

华为人认为,打压行为可以理解,但决不会成功。华为的超级自信源于组织内部长期积淀的基因与文化,同时也源于华为多年来持续构建的生态营销体系的战略布局。

1. 历经危机挑战,同舟共济应对

一帆风顺、没有经历过风雨的企业是难以成长为伟大企业的,伟大的企业总是把困难和危机,当成磨砺的良机,总是在应对危机中增长能力。华为一向认为,华为没有竞争对手,如果有的话,那就是自己的惰怠。克服自己的惰怠,让组织充满活力,在平和发展时期是很难做到的。而当外部环境骤变,危机来临之时,会使内部高度团结一致,共同应对危机。

在危机来临之时,华为内部"求生存、求发展"的理念迅速成为共识,员工的工作干劲和热情更加高涨。华为有足够的实力和充分的准备去应对危机,相继公布了"备胎"计划,手机销售继续快速增长,5G基站签约国家增长到50个,实施在全球范围内招聘天才少年的计划,员工人数预计从18.8万人,增长到19.4万人,华为依旧在热火朝天地发展。

2. 自信源于开放，开放造就辉煌

生态系统封闭意味着衰亡，有生命力的系统必须对外部环境保持开放。华为始终坚持对合作伙伴开放，紧跟时代大方向。"得道多助，失道寡助"，华为长期坚持的让利于合作伙伴、与合作伙伴打造生态营销体系的做法，赢得了广泛认同、支持和理解，华为也对合作伙伴给予理解，强调会继续以更开放的心态拥抱美好世界。随着大数据与智能新时代的来临，产业生态的开放将逐渐加快，封闭意味着落后，华为的大门永远向合作伙伴开放。

开放的心态使华为始终保持大方向正确，大方向就是当今时代发展的大趋势，即互联互通的智能化时代浪潮下，华为的"管道"战略。5G只是华为网络连接产业的一部分，除了5G领先世界外，光传输、光交换、接入网和核心网也远远领先世界。保持领先优势的华为，充满自信，不惧外部的封锁和压力。

3. 引领顶层设计，促进生态进化

一个有生命力的生态系统，必须适应外部环境的发展变化，主动进化。2019年3月，"华为中国生态伙伴大会"在福州召开，华为发出愿与合作伙伴携手并肩，整合资源，运营生态，共同拥抱智能时代的热情号召，提出在智能时代条件下，生态发展模式需要从生态合作进化为生态协同。生态合作是聚合资源，满足客户短期需求，而生态协同是聚能，形成长期稳定的合作模式，最终成为命运共同体。

华为企业事业部中国区副总裁、华为生态大学校长杨文池在主题演讲中指出，根据五类生态伙伴的不同需求进行赋能，华为将通过四个主动来构建协同公平的生态环境，打造生态开放、多元的产业体系。一是主动开放生态：让生态伙伴进入华为的生态圈，同时华为会开放更多的技术、营销、服务等资源，增强生态土壤的渗透性，提高各类主体的能力；二是主动让利伙伴：降低激励门槛，扩大激励范围，扩大业绩和返点的产品范围等；三是主动统筹资源：华为引入证券、银行等投融资伙伴，为生态伙伴提供资金支持；四是主动培养人才：培养ICT人才。华为期望通过这四个主动，让五类生态合作伙伴达成战略协同、资源协同、能力协同，通过高效深度协同，走向美好未来。从华为个体主动转向集体主动，最终实现生态进化。为此，华为在2019年，继续对AI技术和e+数字化平台进行优化，更好地为"协同型生态系统"服务，打造命运共同体。

在企业业务领域，华为搭建和不断完善着一个强有力的支撑平台，致力于支持合作伙伴的运营和销售，帮助他们降低成本、提高效率、培训人才，有效结合华为和合作伙伴的各自优势，创新渠道服务模式。华为还依托华为商业分销授权服务中心，更好地服务分销客户。截至2018年年底，华为促进数字化转型的合作伙伴，包括700多个城市、世界500强中的211家企业，其中世界100强中就有48家企业。

在消费者服务领域，华为与国际著名品牌开展在手机、智能家居、智能车载、运动健康等领域的跨界合作。截至2019年年初，华为智能手机份额稳居全球前三，华为HiLink智能家居平台与150多家厂商合作，覆盖500多款产品；华为智能车载为千万车主提供了稳定可靠的车联网服务；华为运动健康系统为超过1亿的运动健康用户提供了服务。

在产学研领域，华为与产业界、学术界、产业标准组织等开展密切合作交流，推动着一个公平竞争的产业健康发展生态圈的建立。截至2018年年底，华为在全球拥有15个研究院所、36个联合创新中心，拥有授权专利达87805件，加入400多个标准组织、产业联盟和开源社区，积极参与和支持主流标准的制定，推动业界良性发展。2018年7月26日，华为向5G极化码（Polar码）发现者、土耳其尔达尔·阿里坎（ErdalArikan）教授隆重颁发特别奖项，对其为人类通信事业所做出的突出贡献表达敬意。

当前国际形势风起云涌，华为面对险恶挑战的底气在哪里？笔者认为底气恰恰源于华为近十年来实施的"生态营销"战略，其核心就是以开放、合作、共赢的理念，与客户、伙伴共建健康良性的产业生态圈。为我们带来的启示如下：

启示一：全新的时代，需要全新的理念，商业的本质是价值，但其表现形式往往是效率。任正非与华为恰恰在最早时期洞察到了这一伟大时代的来临，用互联网的高效率不断聚焦用户的高价值，将高理性与高感性融合为"生态营销"的战略布局，稳操了未来大时代演进的方向舵。

启示二：建设生态就是创造未来，华为致力于生态圈中合作伙伴的能力培育，长期坚持让利于合作伙伴的渠道政策；同时，华为明白仅靠利益连接是脆弱的，必须提升合作伙伴们的能力，通过华为平台，持续给同盟赋能，促进共同成长，从而营造与壮大整个生态圈。

启示三：伙伴是华为生存之本，华为会时刻关注生态伙伴的满意度。华为对于新上任的区域总裁的 KPI 考核的第一项指标，就是在半年内面对面听取 100 个以上合作伙伴的意见，多听少说，以充分了解渠道现状。每年对合作伙伴进行渠道满意度调查，其结果由华为公司常务董事会进行审阅和处理，以最大限度地保证合作伙伴的意见得到尊重和落实。

唯其如此，华为董事长梁华先生才会充满自信地表示：不管外部环境如何变化，以及存在何种困难，我们仍然会沿着公司的战略方向继续前行，与客户和合作伙伴一起构建共生共赢的产业新生态，为技术进步和人类文明做出更大贡献。一个没有华为的世界是不可想象的，华为让世界更美好！

附 录
华为发展简史

1987 年

国家鼓励邮电通信业进行技术改造,提倡"市场换技术",给予海关半税优惠政策,对使用外国政府贷款、世界银行和亚洲开发银行贷款购买的通信设备实行关税全免政策。

任正非等 6 人创办华为公司,注册资本 2.1 万元。员工 14 人。业务为代理我国香港康力公司的 HAX 模拟交换机。

1988 年

华为正式营业。

1990 年

国内出现 200 多家小型交换机厂家。

华为开始自主研制面向酒店和小企业的数字交换机(PBX)并进行商用。

1991 年

我国自主研发的第一台大型数字程控交换机 HJD-04 研

制成功并批量生产,这是由中国邮电工业总公司与中国人民解放军信息工程学院(现中国人民解放军信息工程大学信息工程学院)合作开发的,为企业自主研发交换机起到了示范作用。

华为出现现金流问题,无法借贷,申请变更为集体企业。

1992 年

国家严格控制新开工项目,银行从严控制贷款发放;国家发布《股份制企业试点办法》,规范员工持股,促进股份合作制的发展。

中兴通讯公司和长虹通信设备公司先后研制出端局数字交换机产品和 2000 门数字交换机。缺乏自主技术的 200 多家小型交换机企业纷纷倒闭。

华为销售额突破亿元大关,利润超千万元。任正非决定研发适用于农村的数据交换解决方案,将全部利润投入研制 C&C08 交换机。将员工内部持股作为制度确定下来。

1993 年

国家鼓励电信部门加快设备的更新改造,为国内电信企业发展提供更大的发展空间。

国务院批准成立中国联合通信有限公司。

华为销售额达 4.1 亿元，推出 2000 门网用大型 C&C08 交换机，研制成功万门交换机。

1994 年

国家继续加大对电信发展的力度。将邮政总局、电信总局分别改为单独核算的企业局，要求加强与地方政府、社会各方面的广泛合作。这为华为与各地邮电局的合作提供了客观条件。

邮电部决策发展 GSM（全球移动通信系统）移动电话。吉通通信有限公司成立，运营商竞争加剧。

华为实现销售额 8 亿元。内部管理问题出现，建立"销售人员奖励分配方案"。

1995 年

电信总局实施政企分开，政府管理职能转到其他部门，成立"中国邮电电信总局"。

华为销售额达 15 亿元，主要来自我国农村市场。注册资金增至 7005 万元，员工达 800 多人。在北京成立研究所，开始研制 CDMA 技术，进入移动通信领域。内部实施管理运动，聘请中国人民大学教授进行管理咨询，大规模推行 ISO9001 质量管理标准，发起"华为兴亡，我的责任"大讨论,设计工资分配方案,全员持股,发放股权凭证。

1996 年

中共中央领导人在视察华为时,指示政府部门和国家银行,要积极支持华为和像华为这样的民营企业发展。

邮电部组织召开国内通信设备厂商和运营企业参加的用户协调会,促进国内通信设备制造业的发展。

电信部门进行采购改革,将设备采购权上报到省市一级,逐步实施招标方式。

俄罗斯总统叶利钦访华,中俄建立和发展战略协作伙伴关系。

华为实现销售额 26 亿元。实施群狼战术,派出庞大的营销团队,在全国交换机产品订货会上取得大量订单。在技术上推出 ISDN 系列终端和 Quid-way2501 路由器,研制成功首台 SIP,成为世界上为数不多能够提供该设备的通信企业。在管理上,推出《华为基本法》,启动人事改革,市场部所有干部集体辞职,重新竞聘上岗,引发内部大讨论和社会关注。开始建立任职资格评价制度。在我国香港与和记公司发展交换机业务,成立华为电气,注册资本 7 亿元。

开始走向境外迈向境外市场。在俄罗斯设立办事处,第二年成立合资公司贝托华为。在中亚、西非、东南亚、东欧等地区开拓市场。

1997 年

中国电信（香港）公司在香港、纽约成功上市，募集资金 42 亿美元。中兴通讯 A 股在深圳证券交易所成功上市，由此在通信设备制造领域，成为国内最大的上市公司。

华为实现销售额 41 亿元，员工人数增至 5600 人。推出拥有完全自主知识产权的无线 GSM 解决方案，介入数据业务、无线通信等领域。在全国范围内与各地电信运营商合作成立合资公司，大量吸纳邮电系统员工入股。开始系统引进世界咨询公司，向 IBM 公司学习，鼓励员工以"内部创业"的方式离开华为。

1998 年

中国人民银行下调存款准备金率，降低金融的存、贷款利率，为企业提供较好的融资环境。

华为实现销售额 89 亿元，员工达 8000 人。推出 Quid－wayA8010 master 电信接入服务器，开始 WCDMA（宽带码分写址）的研发。设立渠道拓展部，成立专门负责数据产品销售的数据通信行销部。与铁通公司合作成立北方华为，与各地邮电局合作成立北京华为、天津华为、上海华为、山东华为、安徽华为、四川华为、沈阳华为等。定稿《华为基本法》，在清华大学启动大规模的人才招聘计划。引入英国的职业化技能资格认证制度。

1999 年

国家进一步放开金融政策，中国人民银行继续降息，银行业开始商业化运作，缓解企业的资金短缺问题。

国务院批准成立中国移动通信集团公司，电信科学技术研究院改制为大唐科技产业集团，形成"巨大中华"（巨龙、大唐、中兴、华为）的局面。

华为销售额达 120 亿元，首次突破百亿元，利润达 17 亿元，员工人数达 1.5 万人。第一台移动交换机（GSM）开通。建立全国七大区的代理销售体系，启用北京上地华为数据通信研究开发基地。与 IBM 合作实施信息科技开发和集成供应链计划，在印度班加罗尔设立研发中心。

2000 年

中共中央领导人视察华为。

邮政与电信分离，全国 31 个省、直辖市、自治区电信管理局组建，中国电信集团公司组建，电信设备采购权从县级收回到市一级。

铁道通信信息有限责任公司、上海信天能有限公司成立。

华为销售额达 220 亿元，利润 26 亿元，居全国电子百强之首。境外市场销售额突破 1 亿美元。发布 Quid – way net engine 16/8 系列骨干路由器，成立华为企业网事业部。在瑞典首都斯德哥尔摩设立研发中心。

2001 年

任正非随中共中央领导人出访。

华为销售额达 255 亿元。投入巨资研发第三代移动通信设备，成为国内首家获得软件开发管理 CMM4 级国际认证的企业。

加入国际电信联盟（ITU），在美国设立四个研发中心，与俄罗斯国家电信部门签署上千万美元的设备合同，国际市场销售迅猛增长。将华为电气以 7.5 亿美元的价格出售给爱默生电气。

开展"万人大招聘"，在全国高校招聘 5000 多人。

2002 年

形势最为严峻的一年，国内电信基础设施投资大幅减少，电信运营商竞争加剧。

华为销售额为 221 亿元，出现成立以来的唯一负增长。境外市场销售额达 5.52 亿美元。倡导"构建端到端的可管理、全线速、全业务智能交换 IP 网络"，成为全球主要的端到端网络设备及解决方案供应商之一。

2003 年

中共中央领导人视察华为，指示要加快"走出去"的步伐，积极参与国际市场竞争。

1 月，思科系统有限公司就华为侵犯思科知识产权提起法律诉讼，10 月，华为与思科和解。华为与 3COM 合作成立合资公司。

2004 年

与西门子合作成立合资公司，开发 TD－SCDMA 解决方案。

获得荷兰运营商 Telfort 公司价值超过 2500 万美元的合同，在欧洲实现重大突破。

任正非提出"备胎计划"，成立海思，自主研发芯片。

2005 年

华为全年销售额达 452 亿元，海外合同销售额首次超过国内合同销售额，占 58%。在移动网络、NGN、光通信、数据通信、业务软件及终端等业务领域增长势头良好，在世界电信运营商前 50 强中，华为已经达成合作 28 个；在欧美发达国家，华为已经进入 14 个，包括德国、法国、英国、西班牙、葡萄牙、美国、加拿大等。

任正非与比尔·盖茨、乔布斯等一起被美国《时代周刊》评为"年度全球最具影响力的 100 人"。任正非看到舞蹈《千手观音》后，提出要改变公司赖以成名的"狼性文化"，推行一种全新的"千手观音"文化。

2006 年

华为全年销售收入达到 656 亿元（折合 84.5 亿美元），海外销售额所占比例突破 65%。华为在全球累计获得 67 个 3G 商用合同，WCDMA 合同数目达到 35 个，其中 12 个来自欧洲。

推出新的企业标识，体现聚焦客户、创新、稳健、和谐的企业精神。

与摩托罗拉合作，在上海成立联合研发中心，开发 UMTS（通用移动通信系统）技术。

2007 年

华为合同销售额达到 160 亿美元，约合人民币 1100 亿元，国际市场占全部销售收入的 72%。跻身全球 GSM 市场三大供货商，在全球部署了超过 10 万个 GSM 绿色基站；成为 CDMA 领域的领先企业，手机全球出货 2000 万部。

成为沃达丰、英国电信、西班牙电话公司、法国电信运营商 Orange 公司、中国移动等全球一流运营商的合作伙伴。获得沃达丰授予的"2007 全球供货商奖"，是全球唯一获此殊荣的网络供货商。专利申请数名列世界第四。

2008 年

华为合同销售额为 233 亿美元，同比增长 45.6%，服务全球前 50 强运营商中的 36 家。

根据 Informa（英富曼）的咨询报告，华为在移动设备市场领域排名全球第三。

为加拿大运营商 TELUS 提供了北美第一个面向 LTE 的 HSPA 网络，在要求严苛的北美市场取得较大突破。

地区部由 9 个拓展到 22 个，在全球建立了 100 多个分支机构，建立起总部、地区、本地 3 级客户服务体系，在全球拥有 14 个研发中心。

在 IPD（集成产品开发）、ISC（集成供应链）的基础上，华为与埃森哲合作进行了 CRM 体系的重新梳理，以向世界级管理靠拢。坚持以奋斗者为本，以奋斗者定位内部各项政策及制度。

被《商业周刊》评为全球十大最有影响力的公司。

2009 年

华为全球销售收入 1491 亿元，一举超越阿尔卡特朗讯和诺基亚西门子通信公司，成为全球第二大移动设备供应商，仅次于爱立信。在 3G、LTE 方面构筑了世界第一的竞争力，助力全球领先运营商 TeliaSonera 在挪威成功发布世界上第一个 LTE 商用网络，且全球 LTE 商用合同数第一。光传输、接入网进入世界第一。

累计申请专利达 42543 件，其中国际专利申请量居全球第二。华为服务的全球 50 强运营商已经从 2008 年的 36 家上升到 45 家。

获得 IEEE（电气与电子工程师协会）2009 年度杰出公司贡献奖。

获得英国《金融时报》颁发的"业务新锐奖"。

入选美国《Fast Company》杂志评选的最具有创新力的公司前五强。

附录
华为发展简史

2010 年

华为销售收入达 1852 亿元。对外更加开放，第一次披露了所有董事会、监事会成员名单、简历和照片，以及公司的治理架构和业务架构，成立运营商网络业务、企业业务、终端业务和其他业务四大业务运营中心。

面向全球发布云计算战略及端到端解决方案，构建云计算平台，推动业务与应用云化，构筑共赢生态链。

在英国成立安全认证中心。

加入联合国世界宽带委员会。

获得英国《经济学人》杂志 2010 年度公司创新大奖。

2011 年

华为实现销售额 2039 亿元，成功实现了向多业务模式的端到端 ICT 解决方案转型。建立 20 个云计算数据中心，整合成立"2012 实验室"。发布 HUAWEI smart care 解决方案。在全球范围内获得六大 LTE 顶级奖项。

2012 年

华为实现了全球销售收入 2202 亿元，净利润 153.8 亿元，员工总数达 15 万人。

在芬兰新建研发中心，在法国和英国成立本地董事会和咨询委员会。整合全球研发优势，已经在全球成立了16个研发中心，28个联合创新中心，遍及欧洲国家/地区、北美地区和印度。

发布业界首个400G DWDM（密集型光波复用）光传送系统，建设规模达7万人的全球最大桌面云。

2013年

华为实现销售收入2390亿元（约395亿美元），同比增长8.5%，销售收入首超爱立信，排名第一，净利润为210亿元（约34.7亿美元）。

研发投入达307亿元，占销售收入约12.8%，过去十年累计研发投入已超过1510亿元。

在英国伦敦成立全球财务风险控制中心，监管华为全球财务运营风险，确保财经业务规范、高效、低风险地运行。

在匈牙利投入运营欧洲物流中心，辐射欧洲、中亚、中东、非洲国家。

在无线领域，获得281个4G/LTE无线侧商用合同和162个EPC（设计采购施工）商用合同，华为4G已全面进入全球100多个首都城市，覆盖九大金融中心。

发布5G白皮书，推动欧盟5G项目主要推动者、英国

5G 创新中心（5GIC）的建设，与全球 20 多所顶尖大学开展紧密的联合研究，积极构建 5G 全球生态圈。

在运营商骨干网领域，率先发布了骨干路由器 1T 路由线卡，以及 40T 超大容量的波分样机和全光交换网络 AOSN 新架构。发布了全球首个以业务和用户体验为中心的敏捷网络架构及全球首款敏捷交换机 S12700，满足云计算、BYOD、SDN、物联网、多业务及大数据等新应用的需求。

消费者业务发布了"以行践言（Make it Possible）"的品牌主张，终端全年整体发货量达 1.28 亿台，智能手机业务获得历史性突破进入全球前三。

运用信息与通信技术，覆盖了 170 多个国家和地区，帮助近 30 亿人加入了世界的连接。

2014 年

华为实现全球销售收入 2882 亿元（约合 465 亿美元），同比增长 20.6%；净利润 279 亿元（45 亿美元），同比增长 32.7%。消费者业务收入达 751 亿元，同比增长 32.6%，成为增速最快的业务模块。

研发投入 408 亿元，累计研发投入超过 1900 亿元（约合 307 亿美元）。累计获得专利授权 38825 件，累计申请中国专利 48719 件，累计申请外国专利 23917 件。申请的 90% 以上的专利为发明专利。

在全球 9 个国家建立 5G 创新研究中心，承建全球 186 个 400G 核心路由器商用网络。

为全球客户建设 480 多个数据中心、160 多个云数据中心，加入全球 177 个标准组织和开源组织，在其中担任 183 个重要职位。

上榜"2014 年全球百强创新机构"，入列 Interbrand 的 Top 100 全球最具价值品牌第 94 名，是首次上榜的我国品牌。

2015 年

华为运营商、企业、终端三大业务实现全球销售收入约 3950 亿元（约合 608 亿美元），同比增长约 37.1%，其他收入 59.65 亿元，净利润 369 亿元（约合 57 亿美元），同比增长约 32.3%。

运营商业务收入达 2323 亿元（约合 358 亿美元），同比增长 21%；企业业务收入达 276 亿元（约合 43 亿美元），同比增长 44%；作为 2015 年度最显著增长的亮点，消费者业务收入达 1291 亿元（约合 199 亿美元），同比增长 72%。实现三足鼎立。

研发投入596亿元（约合92亿美元），累计超过2400亿元（约合370亿美元）。以3898件企业专利申请量位居全球专利申请排名榜首。

举办全球荣耀狂欢节，在上海举办云计算大会，在深圳举办首届全球开发者大会，在东莞举办2015年华为手机1亿台庆典。智能机销量稳居全球前三，在我国市场居份额首位。

在全球建成255个云计算中心。发布全球首个基于SDN架构的敏捷物联解决方案、全球首款32路X86开放架构小型机昆仑服务器。

与欧洲运营商共同建设全球首张1TOTN网络，与英国电信合作完成业界最高速率3Tbit/s光传输现网测试。

2016年

华为全球销售收入达5216亿元，同比增长32%，净利润371亿元。研发费用达764亿元。

在运营商业务领域，围绕数字化转型，抓住云、视频、物联网、运营转型等机会，实现销售收入2906亿元，同比增长25%。

在企业业务领域，华为聚焦ICT基础设施，与合作伙伴一起助力公共安全与政务、金融、能源等重点行业企业的数字化转型，实现销售收入 407 亿元，同比增长 47%。

在消费者业务领域，2016 全年智能手机发货量达到 1.39 亿台，实现销售收入 1798 亿元，同比增长 39%。

在云计算方面，面向我国市场，集中针对金融、媒资、城市及公共服务、园区、软件开发等多个垂直行业的企业云服务解决方案，提供公有云和私有云服务。

在人工智能方面，聚焦主航道，利用人工智能技术提高 GTS 交付效率与服务质量，实现网络问题的预测预防。产品主要有分布式实时流处理系统 StreamSMART、在线学习算法框架 StreamMBT 支撑 GTS 智能客服系统，网络大脑引入强化学习，智能实现网络流量调度。

推进 5G 产业联盟，携手 3GPP 伙伴共同推进 5G 标准化，加速 5G 的商用，持续推动 5G 产业联盟的建立与发展。联合奥迪、宝马、戴姆勒、爱立信、英特尔、诺基亚及高通宣布成立"5G 汽车联盟"（5GAA），共同推进全球车联网统一标准的孵化。

与爱立信续签全球专利交叉许可协议。

在成都召开"2016 华为中国合作伙伴大会"。

2017 年

华为实现全球销售收入 6036 亿元，同比增长 15.7%；

净利润达 475 亿元，同比增长 28.1%。

研发费用达 897 亿元，同比增长 17.4%，近十年投入研发费用超过 3940 亿元。研发人员约 8 万名，占公司总人数的 45%。累计获得专利授权 74307 件，其中 90% 以上专利为发明专利。

全球部署超过 50 万个基站，商用连接突破 1000 万，与 1000 多家生态合作伙伴共建生态。

全球签署超过 350 个 NFV 和 380 个 SDN 商用合同，部署超过 30 个 CloudAIR 无线空口云化商用网络。

在全球十余个城市与 30 多家领先运营商进行 5G 预商用测试。

积极推动生态建设，坚持做"黑土地"和使能者，做生态的土壤，坚持"共生、共赢"。197 家世界 500 强企业、45 家世界 100 强企业选择华为作为数字化转型的合作伙伴。

新成立 Cloud BU，推出 14 大类 99 个云服务及 50 多个解决方案，发布 EI 企业智能平台，提供一站式的人工智能平台型服务，构筑开放、合作、共赢的云生态，发展云服务伙伴超 2000 家。

在消费者业务领域，打造"世界级智能终端品牌"。华为与荣耀双品牌并驾齐驱，智能手机全年发货 1.53 亿台，全球份额稳居前三，推出首款加载人工智能芯片的手机 HUAWEI Mate 10。

华为创新研究计划（HIRP）已与全球近 30 多个国家和地区的 400 多所研究机构及 900 多家企业开展创新合作，在 5G 算法、人工智能技术、网络智能、纳米材料等前沿领域进行多学科联合创新、技术创新突破，驱动产业发展与商业成功。

加入 360 多个标准组织、产业联盟和开源社区，担任超过 300 个重要职位，在 IIC（美国工业互联网联盟）、IEEE-SA（电子电气工程师协会）、BBF（宽带论坛）、ETSI（欧洲电信标准化协会）、TMF（电信管理论坛）、WFA（国际促动师协会）等众多组织担任董事会或执行委员会成员。

召开全球供应商可持续发展大会，近 210 名代表出席。

2018 年

华为实现全球销售收入 7212 亿元，同比增长 19.5%，净利润 593 亿元，同比增长 24.8%。

研发费用为 1015 亿元，投入占销售收入约为 14.1%，华为近十年投入研发费用总计超过 4800 亿元。截至 2018 年

12月31日，在全球累计获得授权专利87805件，其中中国授权专利为43371件，中国以外的国家授权专利为44434件，其中90%以上专利为发明专利。

发布业界首个基于3GPP标准的端到端全系列5G商用产品与解决方案，并与全球182家运营商开展5G测试。签订了30多个5G商用合同，4万多个5G基站已发往世界各地。打造了53张NB-LoT网络、16张eMTC网络，实现百万级连接应用。

云业务领域已经上线超过160个云服务和140个解决方案，与伙伴在全球23个地理区域运营40个可用区，全球发展合作伙伴超过6000家。

发布全球首款基于3GPP标准的5G商用基带芯片巴龙5G01，全球首款八天线4.5G LTE基带巴龙765。

发布全球领先的人工智能开发平台HiKey 970。

在德国IFA大会上发布最新一代旗舰AI芯片麒麟980，六项首发性能登顶全球第一。多家海外知名媒体给予了"IFA 2018最佳产品奖""最佳创新奖"等奖项。

在华为全联接大会发布首款全栈全场景AI芯片及解决方案昇腾310，昇腾310荣获"2018世界互联网领先科技成果奖"。

召开终端全球合作伙伴及开发者大会。

2019 年

华为实现销售收入 8588 亿元，同比增长约为 19.1%，实现净利润 627 亿元。

美国打压华为。

4 月，华为举办以"芯中有数，智慧金融"为主题的"2019 华为全球金融峰会"，与 2000 多位海内外金融客户、伙伴及行业专家畅谈智慧金融的未来；华为坚持"平台 + AI + 生态"战略，通过在全栈全场景 AI、智能数据湖、无缝混合云、全生命周期服务能力和安全可信等领域的持续创新，聚焦打造智慧化的数字底座，联合行业内生态伙伴共建智慧金融。

在以"构建万物互联的智能世界"为主题的第十六届华为全球分析师大会上，华为分享了智能世界洞察、产业判断及华为的战略投入方向。华为坚决投入打造无处不在的连接、无所不及的智能、全场景智慧化体验，让更多人、家庭和组织受益于万物互联的智能世界，让科技普济天下。

华为宣传自主研发的海思芯片"备胎"全部转正，宣布成立智能汽车解决方案 BU。

7月，华为发布首款 5G 智能手机 Mate20X5G。

8月，华为发布自主研发的"鸿蒙"操作系统。

华为在上海举办的"2019年世界人工智能大会"，展示了华为云四大创新成就，分别是华为麒麟980、麒麟810两款移动 Soc 处理器和昇腾310、昇腾910两款 AI 处理器。其中，昇腾310是目前面向边缘计算最强算力的 AI 处理器，昇腾910是全球算力最强的 AI 处理器。

9月，华为海思在德国发布全球首个旗舰版 5G SoC 芯片－麒麟990。

在上海举办第四届全联接大会（HUAWEI CONNECT），发布云和 AI 的最新产品与解决方案，分享如何应用云和 AI 的技术，推进数字化转型的最新实践。

10月，华为发布第三季度季报，前三季度公司实现销售收入6108亿元，同比增长24.4%。

华为在北京亦庄召开的2019世界5G大会上，展示了刚刚上市不久的全球首款商用5G工业模组，是全球首款千元以下的5G工业模组，降低了5G进入千行百业的门槛。

华为在发布的2019年公司年报中披露：2019年华为在

极为严苛的外部挑战下，全体员工团结一致，聚焦为客户创造价值，赢得了广大客户和合作伙伴的尊重和信任。主要业务稳健增长，华为实现销售收入 8588 亿元，同比增长 19.1%，实现净利润 627 亿元，经营性现金流 914 亿元。运营商业务引领全球 5G 商用进程，在欧洲与运营商一起设立了 5G 联合创新中心，持续推动和促进 5G 商用和应用创新。企业业务助力行业客户的数字化转型，打造数字世界底座。消费者业务保持稳健增长，智能手机发货量超过 2.4 亿台，PC（个人计算机）、平板、智能穿戴、智慧屏等以消费者为中心的全场景智慧生活战略布局进一步完善。

2019 年，有 4500 多名中外记者、3000 多位专家学者、1000 多批次政府人员访问公司，参观实验室、生产线、股权文档室等地。公司高管对外发言、接受采访近 300 次，高密度地持续地与外界进行开放、坦诚的沟通。

2020 年

2020 年，在面临新冠肺炎疫情严峻挑战的情况下，华为全球化的供应链体系同时也承受了巨大的外部压力。华为聚焦 ICT 基础设施和智能终端工作，持续投入，以创新的 ICT 技术持续为客户创造价值，助力全球科技抗疫、经济发展和社会进步,全年实现收入超过8913亿元,同比增长3.8%。研发费用支出约为1419亿元,约占全年收入的15.9%。近十年累计投入的研发费用超过7200亿元。从事研究与开发的人员约10.5万名,约占公司总人数的53.4%。

2月,华为首次采用全球直播的方式举办线上行业数字化转型大会,提出智能世界2030五大特征。华为以"你好,智能世界"为主题,把原计划在巴塞罗那现场举办的活动搬到线上。该大会连线英国、瑞士、美国、德国、意大利等多地嘉宾在全球的空间里举行。2月24日的主题演讲畅想了智能世界2030的五大特征,提出以新联接、新计算、新平台和新生态打造智能世界2030坚实底座,使能城市、制造、能源、金融、交通等各行业的智能化发展。

未来,5G、AI、IoT等新ICT技术打造的信息流将是孕育万物的基础,2030年将是一个智能化的世界。站在下一个十年的入口,华为认为,智能世界2030将具备五大重要特征:在政府层面,它将更加适配民生,是以人为本的数字政府;在经济层面,泛劳动力优势凸显,智能机器人将成为劳动力的新的重要组织部分;在社会资源层面,数字化手段使教育、医疗等资源的公平共享成为现实,实现数字公平;在文化层面，人的双手将得到更彻底的释放，价值重心由创造物质财富向创造精神财富转移；在环保层面，得益于各种数字化手段的利用，实现对地球的碳排放等更加合理的监测与调控，地球将更加绿色。

目前，全球 700 多个城市，世界 500 强中已有 228 家、前 100 强中有 58 家企业选择华为作为其数字化转型的伙伴。

3 月 26 日，华为 2020 年首部 5G 旗舰手机——P40 系列全球线上发布。其宣传语"见证移动影像新标准"，预示着华为 P40 系列在拍照领域是迄今为止的顶级拍照旗舰机，也展现了华为重塑手机行业的雄心。